EVA JULIA FISCHKURT

Wenn Frauen
nicht mehr lieben

Männer haben's nicht leicht. Während Frauen in Windeseile ihre vernachlässigte Selbstverwirklichung nachholen, gilt der Mann zunehmend als Defizitwesen und Störfaktor: an ihm wird herumgemäkelt und pädagogisiert. Herabsetzungen, Verachtung und Kritik sind gang und gäbe, mal hinter vorgehaltener Hand, mal offen aggressiv. Frauen lassen kein gutes Haar am Mann und seiner Welt – und lieben können sie nach diversen Enttäuschungen allenfalls noch sich selbst. Eine erfahrene Psychologin legt nun nach einer Flut kraftvoller Frauenliteratur diese provozierende Streitschrift vor: Sie ruft auf, die realen Geschlechtsunterschiede zwischen Männern und Frauen zu akzeptieren und die pauschale Geringschätzung gegenüber den Männern aufzugeben. Denn auch und gerade Frauen leiden unter den Folgen des radikalen Geschlechterkampfes. Ein Buch wider die aggressive Konfrontation der Geschlechter, für ein kreatives und kraftvolles Zusammenspiel von Männern und Frauen. Eros ist (fast) am Ende. Das muss sich ändern!

Autorin

Eva Julia Fischkurt ist seit über 15 Jahren Psychotherapeutin mit eigener Praxis, Doktor der Psychologie, Dozentin und freie Schriftstellerin. Sie lebt in Frankreich und der Schweiz und verfügt über ein breites Erfahrungsspektrum in der Arbeit mit Frauen und Männern, in Paartherapie und Einzelarbeit.

Eva Julia Fischkurt

Wenn Frauen nicht mehr lieben

GOLDMANN

Der Goldmann Verlag
ist ein Unternehmen der Verlagsgruppe Bertelsmann

Vollständige Taschenbuchausgabe Mai 2000
Wilhelm Goldmann Verlag, München,
in der Verlagsgruppe Bertelsmann GmbH
© 1998 Patmos Verlag, Düsseldorf
Umschlaggestaltung: Design Team München
Umschlagfoto: Tony Stone Bilderwelten/Gibson
Satz: DTP-Service Apel, Hannover
Druck: Elsnerdruck, Berlin
Verlagsnummer: 15048
KF · Herstellung: Sebastian Strohmaier
Made in Germany
ISBN 3-442-15048-5

1 3 5 7 9 10 8 6 4 2

Inhalt

I.
Einleitung

Männer haben es nicht leicht. Während Frauen heute allerorts vom Frauenbonus profitieren und tatkräftig und siegessicher den Gipfel weiblicher Selbstverwirklichung emporklettern, werden Männer Tag für Tag mit der harten Realität ihres Geschlechtes konfrontiert. Auf Schritt und Tritt werden sie von Frauen in Frage gestellt: in ihrer scheinbar so unbrauchbaren Männernatur. Es gibt kaum noch eine Nische, in der sich der heutige Mann entspannen könnte, in der man ihn für ein paar Minuten in Ruhe ließe. Es sei denn, es gelänge ihm, wenigstens seinen Arbeitsbereich zur Sphäre des Vergessens und zur Ablenkung vom Privatstreß umzufunktionieren. Aber auch dort dürfte er, umgeben von anderen weiblichen Angestellten, kein leichtes Leben mehr haben.

Gegen eine sachlich berechtigte oder sogar emotional geladene Kritik am Verhalten des Mannes wäre eigentlich nicht viel einzuwenden. Gegen die erbarmungslose, an allen Ecken und Enden um sich greifende Herabsetzung und allgemeine Geringschätzung des männlichen Geschlechtes aber schon. Wie ein Virus nistet sich das Thema »Der Mann als Defizitwesen« in alle Lebensbereiche ein. Und sie sprießt allerorts munter weiter und erfreut sich in Frauenkreisen der Erzeugung einer erstaunlichen Frauensolidarität auf Kosten Dritter: die Sage von der Inhumanität des männlichen Wesens und seiner ubiquitären Fehlbarkeit.

Herabsetzungen, versteckte und offene Kritik und erbarmungslose, uneinfühlsame Entwertung des Mannes sind an der Tagesordnung eines jeden Frauentreffs. Alles, was aus der Hand eines Mannes hervorgeht, ist mangelhaft, unvollkommen, mäßig bis miserabel. Ließe man die Frauen an dieselbe Sache heran, wären die Resultate endlich befriedigender. Am Mann wird herumgemängelt und pädagogisiert, beklagt und angeklagt. Unter Frauen munter ausgetauschte Tips mit Umerziehungsstrategien sowie Rezepte für weibliche »Verteidigungsschlachtpläne« und nächtliche Brainwash-Methoden werden nicht ohne – allerdings fragwürdigen – Erfolg angewendet, derweil viele Ehen ihrem Ende zulaufen.

Unterdessen wird das Wesen »Frau« weiter emporstilisiert. Es genügt heute schon, eine Frau zu sein, und alles ist gut. Dann hat man das richtige Geschlecht, nämlich dasjenige, das angeblich so reichhaltig und menschlich voller Tugenden ist. Das den Umgang mit Gefühlen nicht scheut und das, gäbe es da nicht den »Verwüster Mann«, die Welt viel friedlicher, sanfter, schöner und besser aussehen ließe. Denn die Frau soll viel realitätsbewußter, intuitiver, vernünftiger und selbstverständlich auch weniger gewalttätig sein. Neuerdings schreibt man dem Weib auch einen höheren EQ zu. Außerdem kann sie besser reden, ist daher kommunikativer und sozial kompetenter. Abgesehen von dem im lästigen Technologiebereich kundigen Mann ist die Frau diesem überall haushoch überlegen. Psychologinnen und Soziologinnen verschiedenster Couleur bemühen sich, das Mehr an positiven Eigenschaften des Geschöpfes Frau erfolgreich in die Welt hinauszuposaunen. Vermischt mit Tips zum Aufbau von Selbsterlebnissen, Selbstbehauptung, Selbstpräsentation, Selbstdarstellung, Selbstbeweihräucherung . . .

Bald werden auch die letzten Zweifler davon überzeugt sein, daß es so sein muß, weil es nicht anders sein kann: daß die Frau das edle, liebensfähige Wesen dieser Erde, das »Nonplusultra« göttlicher Schöpfung ist und der Mann in seiner Evolution wie auch in seiner biologischen Reifung ein zurückgebliebenes, entwicklungsbedürftiges Wesen, das zur Frau hinaufschauen sollte, um sich an ihr ein Beispiel zu nehmen.

Nicht nur ist die Frau mit viel besseren Eigenschaften ausgestattet, und sowieso viel »menschlicher« als der Mann, dem man seine animale Herkunft auf Schritt und Tritt anmerken soll, sie ist auch unfehlbar.

Hand aufs Herz: Ist es Ihnen nicht auch schon so ergangen? Spricht man etwa z. B. von der Hexenverbrennung, von Kriegen, von Faschismus oder islamischem Fundamentalismus, stellt sich in Ihrem Kopf sicher auch sogleich die Vorstellung von einer Horde von Männern ein, die ihr Unwesen treiben. Frauen werden kaum auf Ihrem inneren Bildschirm auftauchen. Sie glauben nämlich auch, daß die Frau nur in seltenen Ausnahmefällen einem Menschen ein Härchen krümmen wird. Ganz so, als habe es die Frauen in der Geschichte nie gegeben. Als seien Frauen weiße, unbeschriebene Blätter geblieben, Unschuldslämmer oder treue Seelen, die sich lediglich liebevoll und selbstlos um verwundete Soldaten oder heimkehrende Männer und Söhne kümmerten. Als hätten Frauen nicht auch Hexenfrauen denunziert, den Judenverfolgern nicht zur Seite gestanden, den terroristischen Fundamentalismus nicht durch die Verehrung ihrer Heldensöhne unterstützt. Die Frau als Täterin kann man und will man nicht sehen, weder von Frauen- noch von Männerseite. Die Menschen träumen den Traum von der guten Seele der Frau weiter, weil sie es so brauchen. Und beide Geschlechter stützen unwissentlich dieses Bild der Unschuld und der Nichtverantwortung der Frau im öffentlichen und im privaten Bereich.

Ein Beispiel: Schlagen zwei 16jährige Mädchen im Zürcher

Seefeld (Landbote vom 10. 6. 1997) eine alte Frau wegen Geld zusammen, so nimmt die Öffentlichkeit davon kaum Notiz. Niemand empört sich, niemand schreit auf. In keiner Club-Talkshow wird so etwas diskutiert. Weil es Mädchen sind, drückt man von vornherein ein Auge zu. Werden aber Mädchen von Jungen bedrängt und mißhandelt, ist man auch am Fernsehen sogleich mit entsprechendem Diskussionsangebot beim sogenannten »Gewaltthema Mann« mit von der Partie. Die Gewalt von Männern wird großgeschrieben, die Gewalt von Frauen, die oft auch psychische Gewalt einschließt, wird totgeschwiegen, sprich tabuisiert.

Auf der anderen Seite erfreut sich die weibliche Opfertheorie munteren Zuspruchs: die Frau als armes Opfer von Unterdrückung wirtschaftlicher und emotionaler Art, als chronisch sexuell belästigtes Wesen und als von Mann und Kindern ausgebeutetes armes Geschöpf, das selbst immerzu zu kurz kommt, weil es scheinbar immerfort für andere da ist. Diese Theorie berechtigt die Frau zu Vorwurfs- und Forderungshaltungen, die nicht selten in extremer Ansprüchlichkeit enden.

Wenn sich Frauen als machtlose Geschöpfe präsentieren, so kokettieren sie unbewußt mit etwas, von dem unterdessen jeder Schuljunge Kenntnis genommen haben dürfte: daß Frauen sehr wohl Macht haben und daß sie ihre ureigenen weiblichen Strategien direkter und indirekter Machtausübung Tag für Tag anwenden. Es fällt ihnen jedoch unsäglich schwer, zu dieser Macht zu stehen. Denn wer von sich zugibt, er habe Macht, der muß auch zu der Verantwortung stehen, die er damit besitzt. Gerade aber mit der weiblichen Verantwortung ist es so eine Sache: Lieber soll der Mann weiterhin für alles Mögliche verantwortlich sein. Diese Bequemlichkeit des macht-, sprich verantwortungslosen Wesens Frau hat sich mittlerweile gut etabliert und auch in Diskussionen über die

Geschlechterthematik zusammen mit der Opfertheorie für die Frau gut bewährt. Nur mit der Realität des weiblichen Alltags hat dies alles nicht mehr viel zu tun. Wohl aber mit dem taktischen Kaschieren wahrer und unangenehmer Sachverhalte. Und auch mit der Bestätigungssucht und Kränkbarkeit der Frau, die ihre Wurzeln in der frühen Mädchen-Mutter-Beziehung hat, worüber später noch die Rede sein wird.

Unter Frauen ist fast immerfort von Scham- und Schuldgefühlen die Rede. Denn es gehört zu den Tugenden der sich aufopfernden Seele, sich zu schämen und sich schuldig zu fühlen, auch immerzu überlastet zu sein. Letzteres mag wahrlich stimmen, und die Schuldgefühle sind auch nicht nur neurotisch, sondern sogar berechtigt, wenn man das Schicksal heutiger Kinder und ihrer mütterlichen Verwahrlosung ansieht. Da die Frau heute ein Recht auf so viel Bonus hat, zudem ihre jahrtausendalte vernachlässigte Selbstverwirklichung in Blitzeseile nachholen muß, hat sie unter diesen Schuldgefühlen unentwegt zu leiden. Das Klagen bei den Mitmenschen, vor allem bei den Männern, bietet aber dennoch Entlastung, vor allem, weil die Männer allzu oft bereit sind, einen Teil ihrer sogenannten »historischen Schuld« freiwillig zu übernehmen und mit entsprechenden Verhaltensweisen abzuarbeiten. Schließlich wollen auch sie modern, emanzipationsbewußt und den heutigen Lebensformen angepaßt sein, um so bei den Frauen zumindest auf diesem Gebiet eine Integrationschance zu erhalten.

Es ist wahrlich schlimm geworden: Heute muß ein Mann Angst haben, eine Frau in der Öffentlichkeit anzusprechen, immer riskiert er den Vorwurf der sexuellen Belästigung. Andererseits beklagen sich viele Frauen darüber, daß die Erotik auf den Straßen, sprich der männlich begehrende Blick, immer mehr abhanden kommt. Es soll ihn in Frankreich noch geben, hört man bisweilen. In anderen Ländern aber schauen die Männer bald nur noch gerade aus, während die Frauen sich nach ihnen umzudrehen beginnen. Eine verkehrte Welt? Jedenfalls mutet es merkwürdig an, wenn Johanna ihren Giovanni breitbeinig an die Häuserwand drückt, um ihm beim nächsten Vorbeifahren einer Straßenbahn im Angesicht möglichst vieler Zuschauer den leidenschaftlichsten aller Küsse auf den Mund zu drücken, während er passiv gehalten nur noch nach Luft ringen kann (Szene beobachtet im Juli 1997 in einer Schweizer Großstadt). Und es geht weiter in diesem Stil: Kürzlich wurde eine Zürcher Modedesignerin mit dem bezeichnenden Namen »Amok« preisgekrönt. Wofür wohl: für die Kreation von Röcken für Männer . . .

Abgesehen von all dem, muß der Mann heute froh sein, wenn er mit dem Überwesen Frau ein paar ihrer kostbaren Minuten verbringen darf. Sie hat sowieso fast nie Zeit. So kommt es, daß sogar verheiratete Männer mitunter nur noch ein Gastrecht haben bei ihrer Frau. Der Mann ist nicht mehr gefragt, allenfalls als finanzieller Versorger, als Putzkraft oder als Babysitter. Aber auch das hat die Frau im Griff. Trotz Dreifachbelastung ist sie Allroundmanagerin geworden: Haushalt, Kinder, Beruf. Alles geht in einem Abwasch. Und sie findet es wunderbar, wie sie das alles dank Kinderkrippen, Frauenbonus und Frauenpower unter einen Hut bringen kann. Denn Interesse besteht lediglich an der Verwirklichung des eigenen Selbst, nicht an dem der anderen.

Das Schlimmste aber kommt erst: Die Sehnsucht der Frau, sprich Liebessehnsucht nach dem Mann, schreitet auf den Nullpunkt zu. Der Frau schwebt ein Leben ohne Mann vor, keineswegs ein Leben ohne männlichen Schutz und finanzielle Unterstützung, aber ein Leben ohne die Last des Verstehens und der Liebe. Liebe als Gefühlseinstellung und als aktives

Verlangen nach dem Anderen, ihrer Natur nach bedingungslos, scheint von der Frauenseite her vom Aussterben bedroht.

Auf diese Weise erscheint der Mann heute von der Frau in der Tat emotional abhängiger denn je. Angebot und Nachfrage als Regelsysteme haben jetzt auch in die Welt alltäglicher zwischenmenschlicher Beziehungen Einzug gehalten. Und die Frau hat ihre Abhängigkeitsproblematik an den Mann delegiert und bekämpft sie dort. Schließlich will Frau keine abhängigen, anhänglichen Männer, sondern selbstbewußte, zufriedene, unterhaltsame und leidenschaftliche Lover, die keine Sorgen mit sich herumtragen.

So ist denn auch nicht mehr von der Hand zu weisen, daß viele Männer durch die feministische und postfeministische Haltung der Frauen in eine Schamecke getrieben werden, aus der sie nur mit viel Mühe wieder herausgeholt werden können. Passiv und resigniert sitzen sie sehnsüchtig auf ihren Plätzen und warten auf bessere Zeiten. Solche Männer – ich nenne sie hier aggressionsgehemmt, Ausnahmen gibt es immer – sind für Frauen dann aber eine bodenlose Enttäuschung. Und diese können mit ihren lahmen Blicken auch keine Frau mehr hinter dem Ofen hervorlocken. In Tat und Wahrheit sind viele von ihnen bereits geschädigte Wesen, in ihrer Natur als Mann umdressiert zu friedlichen, pazifistischen Geschöpfen, die keinem Insektchen mehr ein Flüglein krümmen, ihrer Frau aber auch nicht mehr potent gegenübertreten. Früher hieß es noch: »Früh übt sich, wer ein Meister werden will«, heute werden schon kleine Jungen in ihrem männlichen Expansionsdrang zurückgestutzt, bis sie nur noch aus schlechtem Gewissen bestehen, sollten sie hinter dem Rücken der Mutter sich doch einmal zu einer schießähnlichen Körperbewegung hinreißen lassen. Werden sie erwischt, kriegen sie sofort eines drauf, oder sie werden als gewalttätige Bürschchen abqualifiziert und aus sogenannten »wohlüberlegten Erziehungszwecken« weiterhin umerzogen. Was wohl aus diesen Jungen werden soll? Es stehen einem die Haare zu Berge, wenn man nur schon daran denkt.

Zudem ist der heutige Mutterschutz schier grenzenlos. Frauen können ihre Babys verhungern lassen; auch dann wird man wiederum sagen, die arme junge Frau sei drogensüchtig gewesen und könne nichts dafür. Und ganz sicher ist auch in diesem Fall ein männlicher Missetäter, sprich Sexualmißbraucher, der Urheber dieses ganzen Elendes. Bei den Männern ist der Grund zu suchen, nicht bei den Frauen. Spricht eine Frau in einer Talkshowsendung von ihren herzigen Jungen und sagt beiläufig, sie fände auch ihre Genitalien sehr schön, so passiert gar nichts. Käme derselbe Satz aus dem Mund eines Mannes, wäre die Polizei augenblicklich für eine Verhaftung an Ort und Stelle. Die ganze Diskussion um den sexuellen Mißbrauch von Kindern schreit in ihrer Geschlechts-Einseitigkeit zum Himmel. Sie ist aber auch wieder ein Indiz für die generelle Unschuldsvermutung der Frau – als Sexualmißbraucherin und als Täterin im allgemeinen.

Frauen dürfen sich erlauben, unbehelligt psychische Gewalt in der Familie auszuüben, etwa in Anwesenheit ihres Sohnes dessen Vater mit den gröbsten Worten zu entwerten, und mit dem Sohn eine unausgesprochene Komplizenschaft gegen den Vater einzugehen. Kein Mensch kommt auf die Idee, diesen jungen Menschen einen Schutz zu bieten. Der Vater kann sich nicht wehren – daß er dies nicht tut, müßte man ihm eigentlich ankreiden –, und der Sohn kann sich schwerlich, muß sich aber dennoch unbewußt mit dem entwerteten Vater identifizieren, was für ihn später katastrophale Folgen haben wird. Kein Schulpsychologe, kein Lehrer, kein Nachbar wird da einschreiten: Es ist die unerträgliche Leichtigkeit des alltäglichen Seins,

14

die frei nach Kundera niemanden etwas angeht. Später werden die Praxen der Psychotherapeuten gut gefüllt sein, das ist sicher. Somit wird sich auch für die jungen Männer, die von Mutter und Vater im Stich gelassen werden, kaum etwas ändern. Von den Mädchen wird später die Rede sein. Daß sie nicht unverschont von der postfeministischen Befreiungs- und Selbstverwirklichungsideologie davonkommen, versteht sich von selbst. Daß es sie aber ganz anders in ihrer Geschlechtsidentität trifft, auch.

Nicht etwa, daß ich der Meinung bin, Frauen wären schlechtere oder bessere Wesen als Männer. Auch nicht, daß ich dagegen bin, daß Frauen für ihre Grundrechte kämpfen. Ich habe nicht die Absicht, analog der Frauenbewegung, die die Männer eifrig diskreditierte und die Frauen emporstilisierte, dies nun auch mit dem weiblichen Geschlecht zu tun. Mir liegt viel an den Frauen, aber auch viel an Männern, denn ohne die volle Verantwortlichkeit beider Geschlechter läßt es sich auf dieser Erde nicht länger gut leben. Aber: Ein ehrliches Wort von Frau zu Frau täte uns Frauen schon gut. Denn so kann es nicht mehr weitergehen. Auf der einen Seite kommen uns die Männer als »Männer« immer mehr abhanden, auf der anderen Seite stehen die Frauen einander in ihrer Entwicklung im Weg. Von den Kindern ganz zu schweigen.

Wir müssen den Tatsachen ins Auge schauen: Aus Schutz vor weiteren Entwertungen beginnen die Männer, sich durch Rückzugsmanöver aller Sorten oder mit einer Art »Totstellreflex« von den gröbsten Anfeindungen abzuschirmen. Was die Frauen nur noch rasender macht, notabene. Und ihnen derweil noch mehr Angriffsfläche bietet. Und die Frauen erlauben sich immer mehr, in der vermeintlichen Hoffnung, ein schwer erziehbares Kind oder einen schwer erziehbaren Mann könne man nur mit Ermahnungen, Kritik und Liebesentzug zur Räson bringen. Schließlich haben sie auch ein Recht darauf, nachdem sie Jahrtausende ausgenützt, diskriminiert und ihrer Rechte enthoben wurden. »Nur mal fest drauf los, wer sich nicht wehrt, der verliert«, lautet der Slogan in den Köpfen der Frauen, und der Wind, der den Männern in diesem harten Kampf entgegenbläst, wird von Tag zu Tag frostiger und sandiger.

Männer haben es schwer. Durch die vitalere Konstitution der Frauen können sie sich nur noch ein kleines Stück vom Kuchen abschneiden. Ähnlich wie bei den Spatzen sind die Weibchen zäher, mutiger, draufgängerischer als die Männchen. Auch ist der Einverleibungs- und Nestbautrieb bei der Frau dank ihrer Natur stärker und besonders im zwischenmenschlichen Bereich durch kluge Strategien im Laufe der Evolution zu immer neuen Höhenflügen weiterentwickelt worden. Was den Frauen unter die Hände – oder unter die Augen kommt –, was immer sie für interessant, beneidensoder erstrebenswert anschauen, das wird zu ihrem Objekt der Begierde. Und es geht nicht sehr lange, bis sie es sich erworben, sprich einverleibt haben.

Last but not least: Die Feindseligkeit der Frauen untereinander ist ein Thema für sich, obwohl es ganz eng mit der weiblichen Entwertung des Mannes zu tun hat. Denn wo der Mann entwertet und verachtet wird, dort sitzt versteckt eine immense Feindseligkeit der Frau ihrem eigenen Geschlecht gegenüber. Auf diese komplizierten Zusammenhänge komme ich später zu sprechen. Zunächst will ich auf das Augenfälligste verweisen, die Feindseligkeit der Frau Männern gegenüber, um später zu des Pudels wahrem Kern vorzustoßen: der Selbstachtung der Frau, die nicht nur – was Frauen allzu gern behaupten – durch das jahrhundertealte Patriarchat lädiert wurde, und auch nicht nur gesellschaftlich anerzogen ist, sondern ihre Wurzeln in ihrer frühen weiblichen Entwicklung hat, insbesondere in der Ohnmacht-Macht-Beziehung zur Mutter der frühen Kindheit. Die Qualität dieser Beziehung bestimmt über das Schicksal der Aggressionsentwicklung beim kleinen Mädchen und prägt tiefgehend ihre Weiblichkeit, die Kontrolle ihrer menschlichen destruktiven Seite und die Liebe zum anderen wie zum eigenen Geschlecht. Daß man da nicht den Müttern die Schuld in die Schuhe schieben kann, ist klar. Aber einen Teil Verantwortung dafür haben sie alleweil. Und um diesen Teil soll es eben gehen. Daß die kleinen Mädchen, sprich späteren Frauen selbst auch Verantwortung für ihre Beziehung zur Weiblichkeit und Mütterlichkeit haben, ihre Probleme diesbezüglich also nicht nur ihren Müttern oder Vätern anlasten können, das versteht sich ebenfalls von selbst. Ungelöste Probleme mit der eigenen oder der fremden Weiblichkeit sind denn auch die Ursachen für viele Partnerschaftsprobleme und Mißstände auf dieser Welt, auch wenn die Frauen fortan behaupten, die Männer und ihre »unmenschliche« Männlichkeit allein seien die Wurzel allen Übels, und sich von der Überzeugung nicht lösen können, daß die Welt nur dann zu verändern sei, wenn der Mann allein sich verändert.

Die Unfehlbarkeitsidee gegenüber dem weiblichen Geschlecht und die Männerverachtung, deren Wurzeln in diesem Buch verfolgt werden, haben im öffentlichen Bewußtsein der westlichen Industriegesellschaft Ausmaße angenommen, die selbst die Hoffnungen feministischer Kreise weit übertroffen haben. Die Frau ist gut, der Mann ist schlecht: So einfach sieht die Welt nun aus. Und viele jüngere Männer sind bereits durch ihre Erziehung von diesen Attitüden infiziert worden und leiden unterdessen an erheblichen Selbstwertproblemen und Identitätsstörungen.

Wer immer an einer besseren Welt und lebbaren Zukunft

interessiert ist, dem wird nicht nur die Verantwortung der Männer für diese Welt ein Anliegen sein, sondern auch die der Frauen. Deren Rückzug in eine Schonzone und deren Haltung der Erhabenheit über den Mann zeigen eine Despektierlichkeit, die für diese Zukunft allerdings nicht viel Gutes ahnen läßt. Dem gilt es vorzubeugen und die Karten auf den Tisch zu legen.

II.
Der überforderte Mann

1. Nicht die Männer sind an allem schuld

Die wiederholte tendenziöse Behauptung der ubiquitären Männerverantwortung und Männerschuld zu entkräften, ist eine Verletzung der Frauenehre. Dies zu tun bedeutet den Bruch eines Tabus unter Frauen. Die Vorwurfs- und Beschuldigungshaltung dem männlichen Wesen gegenüber sitzt uns allen, auch Männern, bereits sehr unter der Haut. Abgesehen davon fordert Frau zunächst das Recht auf Ruhe nach dem jahrzehntelangen Kampf und möchte sich sonnen in dem von der Frauenbewegung geschaffenen Weltbild. Frau möchte, daß die Männer, die uns Jahrtausende unterdrückt haben sollen, mit ihrer Wiedergutmachungsarbeit erst einmal beginnen. »Im Schweiße seines Angesichts soll der Mann der Frau dienen« lautet die neue, unausgesprochene, dennoch aber wirksame Forderung. Der Mann soll büßen für alle seine männlichen Vorfahren, für all die männlichen Bestien, die die Frauen nur als Anhängsel, Dienstmagd, Sexobjekt, Gebärmaschine etc. benützt haben sollen.

Daß der Mann – wie die Frau übrigens auch – selbst ein Opfer der Evolution ist und damit der Geschichte der Menschheit, wird gern vernachlässigt. Und kritische Fragen zur Weiblichkeit werden sogleich dem Erdboden gleichgemacht oder dann als Ausdruck von erneuter Unterwerfung unter das Patriarchat abqualifiziert, was so manche Frau erfolgreich davon abhalten dürfte, ihre Meinung offen mitzuteilen und die Männer für ein Mal zu verteidigen.

Für die Schuldzuweisungen an Männer findet man Tag für Tag neues Material. Ein Beispiel aus der neuesten Zeit: Der plötzlich eingetretene Tod der Lady Diana, Princess of Wales, gestorben durch einen Verkehrsunfall am 31. 8. 1997 in Paris, hat weltweites Erschüttern, Trauer und Proteste ausgelöst. Die Paparazzi, die sie verfolgt haben, wurden sogleich für schuldig an ihrem Tod erklärt. Wieder einmal Männer, die in ihrer Sensationslüsternheit vor nichts zurückschrecken. Voyeuristen, perverse, nur am Geld interessierte Fotodealer. Natürlich haben sie Lady Di wie ein Wildvieh gejagt. Ich will an dieser Stelle auch nicht die Paparazzi in Schutz nehmen, im Gegenteil. Sie haben sich vor Gericht zu verantworten. Die Tendenz aber, wieder einmal das Gute und das Böse nach Geschlechtszugehörigkeit zu verteilen und nicht nach den »weiblichen« Hintergründen zu fragen, weil die Frauen immer noch einen Unschuldsbonus genießen, diese Tendenz sollte näher angeschaut werden.

Lady Di – eine von Millionen verehrte, nach ihrem Tod noch mehr heroisierte Frau, wird von vielen bewundert. Eine der wenigen Frauen auf dieser Welt, die sich nicht unbedingt nur selbstlos, dafür aber um so effizienter und engagiert für die Schwachen und Minderbemittelten dieser Welt eingesetzt hat. Und die trotz königlichem Verhaltenskodex die Interessen ihrer Kinder an erster Stelle setzte, die Männer nicht verachtete, sondern ihre Abhängigkeit von ihnen zugeben konnte. Eine Frau, die sich auf die Seite der Wahrheit stellte und nicht auf diejenige des schönen Scheins, diese Frau ist in den Augen vieler eine seltene Ausnahme unter Frauen, zumindest in der Öffentlichkeit.

Denn das scheinen auch die Liebes- und Trauerbezeugungen

nach ihrem Tod zu zeigen: ein großes Bedürfnis nach einem positiven weiblichen Vorbild, eine Symbolfigur für Mut, Tatkraft, Macht, Schönheit, Mütterlichkeit und Verantwortungsbewußtsein. Deshalb wird Lady Diana idealisiert: sowohl von Männer- wie von Frauenseite. In der Sehnsucht nach einem weiblichen Vorbild hängt sich die ganze Welt an Lady Di. Für alle ist gesorgt: Selbst die Frauen, die sich als Opfer der Männer sehen, oder als Opfer der Mütter, der Gesellschaft etc., finden hier einen Identifikationsplatz.

Nun zu den Schuldigen des Dramas: Wieder einmal sind es die Männer, die Paparazzi, die die Grenzen in ihrer Geldgeilheit überspringen mußten. Oder ist es die Presse, die solche Fotos veröffentlicht, die männlichen Chefredakteure: Der alkoholisierte Chauffeur, der vor Lady Di den Macho spielen mußte? Erst ganz zuletzt wird danach gefragt, ob auch die Leser beteiligt sein könnten. Die anonymen Leser der Glückspost, der Frau im Spiegel, des schweizerischen Blickes, der Boulevardpresse im allgemeinen.

Männer tun in der Regel kaum etwas, das nicht in irgendeiner Form den Wünschen von Frauen direkt oder indirekt entgegenkäme. In diesem Bereich mag die Wunscherfüllung der Frauen versteckt, aber dennoch nicht allzu schwer zu entdecken sein. Denn: Wer sind die Leser, die an diesen Photos der Boulevardpresse interessiert sind? Auch ohne klare Statistik dürfte das nicht schwer zu erraten sein: Es sind die Frauen. Frauen interessieren sich für die Privatsphäre der Prominenz. Männer haben dafür allenfalls ein müdes Lächeln übrig. Frauen sind diejenigen, die sich der Geheimnisse anderer Frauen bemächtigen wollen, der intimen Welt einer Prinzessin ohnehin. Und die Liebesgeschichten der Prominenz sorgen für eine Neugierstillung der Frauen, die gierig an den nächsten Kiosk rennen, um zu sehen, wie die neueste Sensation im Leben der

Königin aussieht, mit wem sie getanzt hat, wie ihr Kleid und ihr Schmuck aussehen. Frauen können stundenlang über den guten oder schlechten Geschmack einer prominenten Frau reden. Den meisten wird es dabei nie langweilig. Aus psychologischen Untersuchungen ist zudem bekannt, daß die Tagträume von Jungen in der Pubertät oft den späteren Beruf zum Inhalt haben, während Mädchen signifikant häufig von einem Prinzessinnenstatus tagträumen, von Angestellten, von Schönheit und Luxus. Und das im letzten Jahrzehnt unseres Jahrhunderts.

Wenn Männer ein solches Heft zufällig in ihren Händen halten, interessieren sie sich vielleicht für die gute Figur oder das Dekolleté, sie würden sich aber kaum allein deshalb an einen Kiosk begeben. Entweder kaufen sie direkt Pornohefte oder interessieren sich für Sportreportagen und Politik, aber kaum für intime Details der oberen Zehntausend. Diese Schnüffelei in der Privatsphäre anderer war schon immer die Sache von Frauen. Weil der private Bereich seit jeher die Domäne war, in der die Frau ihre Stärken entwickeln, ihre Machtansprüche befriedigen und ihre Schwächen am unauffälligsten leben konnte und heute noch kann.

Es sind auch Frauen, die die Kleider der Lady Di abkauften und die versuchten, sie in ihrem Aussehen bis aufs letzte Detail nachzuahmen. Kunststück, werden Sie sagen, das können ja ohnehin nur Frauen qua ihres Geschlechts tun. Aber käme es Ihnen als Mann in den Sinn, einen Winston Churchill oder einen John F. Kennedy äußerlich nachzuahmen oder seine Kleider ersteigern zu wollen? Wohl kaum. Käme es Ihnen in den Sinn, ein Boulevardblatt zu ergattern, um die neueste Lovestory der Caroline von Monaco zu erfahren? Sicher nicht. Als Mann haben Sie weniger unter dem Neid, der Eifersucht und der weiblichen Gier zu leiden. Indirekt aber haben Sie doch darunter zu leiden, wenn Sie an dieser Wiß- und Neugier der Frauen beteiligt werden, indem man Sie als Mann nun beschuldigt, Sie seien ein skrupelloser Voyeur. Sie haben eventuell das eingeholt, was die Frauen von Ihnen haben wollten: die Informationen. Denken Sie daran, daß Sie als Ausläufer für fremde Zwecke gebraucht wurden? Als Mann, den man an die sogenannte heiße Front schickt, so wie Männer schon immer in die Gefahrenzonen des Lebens vordringen mußten, während die Frauen im Hintergrund geschützt waren? Damit nicht die Frau, sondern Sie als Mann die Verantwortung dafür zu tragen haben, so wie der Übermittler einer schlechten Nachricht auch immer zuerst gestraft wird, die Drahtzieher dahinter aber ungeschoren davonkommen? Dieses Licht ist Ihnen als Mann noch nicht aufgegangen? Dann ist es höchste Zeit.

Sie wären zumindest mit der Feststellung der notorischen Schuldzuweisung von Frauen an Männer nicht ganz allein. Denn immerhin hat sich eine einzige, mir bekannte Frau zu diesem Thema in aller Öffentlichkeit geäußert. Zur Kenntnis genommen wurden ihre Feststellungen aber nicht. Die Wirtschaftsprofessorin *Gertrud Höhler,* eine bekannte Buchautorin und Unternehmensberaterin, hat in einem 1996 gehaltenen Vortrag in der Aula der Universität Zürich den dreisten Satz formuliert: daß es seit jeher ein althergebrachtes Kulturgut sei, daß Frauen den Männern für etwaiges Unglück oder Ungeschick die Schuld in die Schuhe zu schieben pflegen. Niemand hat sich empört, niemand protestiert. Der eine oder andere Mann mag durch dieses unverhofft geteilte Verständnis einer Frau erleichtert aufgeatmet haben. Ansonsten wird man mit Leichtigkeit über einen solchen weiblichen »Faux pas« hinwegschauen, damit keiner auf die Idee kommt, sich ernsthaft mit diesem Tatbestand zu beschäftigen.

Was sich im Laufe der Jahrtausende an Schuldzuweisungen

bei den Männern angesammelt hat, das haben die Männer tapfer und weniger tapfer zu tragen verstanden. Sie hatten auf der anderen Seite auch die »Wohltat« der Idealisierung der Frauen ihnen gegenüber als fortwährenden Genuß für sich gebucht. Die Realität aber, daß nämlich Idealisierung nicht gleich Liebe ist, konnten nur die wenigsten sehen, weder früher noch heute. Und daß die Kehrseite der Idealisierung immer auch die Entwertung mitbeinhaltet, das ist zumindest unter Psychoanalytikern unbestritten. Im Klartext: Wer zur Idealisierung neigt, der trägt unbewußt auch entsprechende Entwertungstendenzen mit sich herum.

Seit den siebziger Jahren unseres Jahrhunderts geht es nicht mehr um Schuld allein, sondern vielmehr darum, den Männern den Krieg anzusagen, ihre »schlechten«, weil »männlichen« Eigenschaften allesamt herauszupicken, zu hinterfragen, sie den Männern unter die Nase zu reiben oder ihnen den Kehraus zu machen, eine Angelegenheit, die nicht überall ohne psychisches Blutvergießen vonstatten ging. Viele dieser Männer haben gottlob überlebt, anderen aber ist der Geschlechterkrieg nicht gut bekommen. So mancher Verlust läßt sich feststellen: Irritiert, verunsichert, der klaren Identifikation mit einer starken Vaterfigur schon immer entbehrend, beginnen die Männer nach Lösungen zu suchen. Es darf nicht erstaunen, daß bei diesem Kampf so mancher Mann auf der Strecke bleibt. Etliche entkräftete männliche Wesen helfen einander derweil in Selbsthilfegruppen wieder auf die Beine.

Daß viele Männer an einigem Unglück beteiligt sind und daß sie auch viel zu lang an patriarchalen Strukturen festhielten, das ist nicht von der Hand zu weisen. Daß sie aber an allem möglichen Unglück der Frauen beteiligt sein sollen, das ist das Kind mit dem Bade ausgeschüttet.

Ken Wilber beschreibt in seinem letzten Buch »Eros, Kosmos, Logos« einen neuen, abseitigen Zweig der Frauenbewegung, in der die Frau als »Mitschöpferin« am Patriarchat zur Verantwortung herangezogen werden soll. Die Frau als »armes Opfer« habe ausgedient, wo endlich gesehen wird, daß 5000 Jahre Evolution des Homo Sapiens auch 5000 Jahre Entwicklung für die Frau bedeuten, da sie nicht als »Schaf«, sondern als menschliches Wesen mit demselben Neocortex wie der Mann an der Evolution beteiligt war. Auf einmal stimmt das Argument der Feministinnen, daß Frauen überall ausgelassen werden. Als Opfer werden Frauen schon gesehen, nicht aber als Täterinnen: ein vernachlässigtes Thema in den Büchern zur Frauengeschichte.

Selbstverständlich hat die von *Ken Wilber* beschriebene neue Form weiblicher Emanzipationsbewegung kaum eine Chance, wahrgenommen zu werden. Frauen wollen nämlich an ihrer Opferrolle festhalten, obwohl es die Spatzen seit langem von den Dächern pfeifen, daß die Frauen sehr viel mächtiger sind, als sie immer vorgeben wollen, und der genannte Opferstatus für vieles herhalten muß, das verdeckt bleiben soll.

Der Frauenbewegung aber entgeht fast gänzlich, was den Frauen heute wirklich »entgeht«: nämlich eine klare, weibliche Identität, die den Mann bejaht, aber auch sich selbst in ihrer weiblichen Rolle als Mutter, die ihren Interessen nachgeht, die auch ihre Verantwortung kennt und ihre machtvolle Position innerhalb der Partnerschaft und der menschlichen Gemeinschaft wahrzunehmen in der Lage ist.

2. Die Illusionen der fordernden Frauen

Wünschen kann jeder. Respekt fordern ist auch berechtigt. Bei einer Forderung nach gleichem Lohn für gleiche Arbeit wird jeder vernünftige Mensch einsehen, daß diese Forderungen anerkannt werden müssen. Die Frau ist eine Person mit eigenem Recht und eigenen Ansprüchen. Das hat »Mann« zu respektieren. Ein gesunder Mann wird das auch tun.

Frauen aber verlangen nicht nur Respekt und gleichen Lohn. Sie verlangen viel mehr. Sie erwarten das totale Glück von seiten des Mannes. Er soll sie mit Rosen beschenken, ihr wöchentlich eine Liebesnacht in Venedig bescheren, die Kinder jeden Abend ins Bett bringen, die Küche putzen, das Geld nach Hause bringen, die Ferien nach ihrem Gusto arrangieren, die lärmempfindliche Nachbarin zur Räson bringen, mit den Kindern Kasperle spielen, Schulaufgaben mit der Tochter machen, den Lehrer anrufen, auf den Freund und den Stammtisch verzichten, das Tennismatch absagen, psychologisch interessante Gespräche mit ihr führen, an der Partnerschaft arbeiten, die intimsten Geheimnisse seiner Seele preisgeben, sich in eine Psychotherapie begeben, sich von Grund auf verändern etc.

Ständig sind Frauen dabei, ihren Mann auf den richtigen Weg zu bringen. Unentwegt kritisieren sie an ihm herum und erwarten, daß er sich wie ein kleiner Junge ihren Forderungen beugt. Sie legen ihm Psychobücher auf den Nachttisch und lassen den Mann erst wieder an ihren Körper heran, wenn er die neuen Theorien darin studiert hat. Wenn die Strategie mit dem körperlichen Liebesentzug nicht funktioniert, probieren sie es mit einem frostigen Schweigeklima. Oder sie telefonieren stundenlang mit der Freundin, während ihr Mann mit dem Dessert auf sie wartet. Unauffällige Strategien, von denen der Mann auf der Straße nichts mitbekommt, da sich alles hinter den verschlossenen Türen der Privatwohnung abspielt. Am Arbeitsplatz darf der Mann auch nicht reden, wo käme er da hin, und was würden die Kollegen über ihn denken? Da seine Frau gewünscht hat, daß er die Freundschaftsbeziehung zu seinem langjährigen Freund aufgibt, kann er sich mit diesem jetzt auch nicht mehr treffen.

Ein Schlappschwanz, werden Sie vielleicht sagen? Nein, ein Mann, der realisiert, daß er um des lieben Friedens willen Kompromisse und Verzichte zu leisten hat. Lieber den Spatz in der Hand als die Taube auf dem Dach, wird er sich denken. Und sich deshalb in männlicher Vernunft den Umständen anpassen. Schließlich sind da auch noch die Kinder, die es zu schützen gilt. Daß er sich selbst auch schützen müßte, das hat er derweil aus den Augen verloren.

Denn seitdem die Männer sich »emanzipiert« haben, gibt es nichts mehr zu lachen. Sie zahlen weiter den Champagner, kochen das Nachtessen für zwei und sind froh, wenn die Frau sich endlich zu ein paar netten Worten hinreißen läßt. Dank erwarten sie nicht, aber ein Blick der Anerkennung täte der männlichen Seele schon gut. Statt dessen wird über den zu warmen Champagner genörgelt. Der Braten bei Oma sei immer viel besser, die Musik zu laut und die Atmosphäre zu wenig erotisch. Immer fehlt etwas. Immer noch mehr. Die Unersättlichkeit gewisser Frauen von heute kennt oft keine Grenzen.

Zum Thema Frau, Schönheit, Geld und weibliche Ansprüche dem Mann gegenüber könnte man ganze Romane schreiben. Hier vorerst ein Zitat von einer Frau:

»Frauen sind in 99 Prozent aller Fälle schöner als die Männer, die ihnen gegenübersitzen. Frauen duften nach Chanel, haben ein reizendes Lächeln, sie sind nun mal das schöne Geschlecht. Das ist vielleicht ungerecht, aber wer sich da beschweren will, muß sich schon an eine höhere Stelle wenden. Und für die Ehre, mit diesem Wesen kostbare Minuten teilen zu dürfen, muß der Mann eben zahlen. – Schließlich ergibt sich auch die Frage: Was, in Gottes Namen, sollen Männer sonst mit ihrem Geld anfangen? Soll man zusehen, wie sie sich für mundgeblasene Mountainbikes und handgedrechselte Hondas ruinieren?« (*Petra Reski,* Eine Prinzessin zahlt nie selbst)

Deutlicher können aufgeblasenes Selbstgefühl und weibliche Selbstgerechtigkeit kaum gezeigt werden. Die Frau ist schöner, also kann sie für diesen Anblick Geld verlangen. Von der Prostitutionsidee ist das jedenfalls nicht weit entfernt. Und vom »Die-Männer-für-dumm-verkaufen« auch nicht. Die Zeiten der Suffragetten, als es galt, die Rechnung selbst zu zahlen, die sind schließlich im postmodernen Feminismus vorbei. Es lassen sich hundert Gründe finden, warum der Mann seine jahrtausendealte Schuld an der Frau nun endlich tilgen sollte. Wenn nicht mit einem veränderten Verhalten, dann wenigstens mit dem lieben Geld.

Und weitere Frauenwünsche:

»Frauen wollen keine Strapse und keine Bücher. Frauen lieben Telegramme von der Länge einer Kurzgeschichte, Graffiti an der Haustür, einen Flug in der Concorde, Smaragdringe und den einzigen pinkfarbenen Motorradhelm, den man im norddeutschen Raum auftreiben kann. – Und vor allem lieben es Frauen, wenn Männer sich für sie ruinieren. Wenn sie ein Monatsgehalt für einen winzigen Samthut ausgeben.« (*Petra Reski*)

Dem humorigen Unernst der Sache muß man doch den Ernst gegenüberstellen: Hier wird eine Entwicklung in gar nicht abwegige Bilder gebracht. Der Mann als Diener, der die Frau zu verwöhnen hat. Und der seine Liebe immer wieder unter Beweis zu stellen hat, weil man sie einem »verachteten«

Mann ja ohnehin nicht glauben kann, und weil Frau auch nicht mehr fähig ist, die Liebe bei sich selbst zu spüren, geschweige denn diejenige des Mannes ihr gegenüber. Was bleibt dem Mann da übrig, als sich abzurackern, statt zu verzweifeln?

Es gibt kaum eine Frau, die mit ihrem Mann zufrieden ist. Er allein soll Tausende von Wünschen erfüllen: Daß er das nicht kann, ist jedem klar. Nur der betreffenden Frau nicht. Die überzogene Erwartungshaltung von Frauen an Männer zeugt von einer versteckten Idealisierung des Mannes, dem man die Verantwortung für sämtliches Glück unterschieben möchte. Ohne zu schauen, was man als Frau selbst dafür tun könnte: eine sehr infantile Position. Warum die Frauen in Sachen Lebensglück ihren Männern heute immer noch so viel Macht zuschreiben, ist nach so vielen Jahren der Gleichberechtigung eigentlich erstaunlich. Man könnte meinen, Frauen hätten unterdessen etliches hinzugelernt. Indes ist ihr Naivitätsgrad nur gestiegen und ihre verbohrte Forderungshaltung ins Unermeßliche gewachsen.

Eine Buchautorin, die sich Psychologin nennt, wird wegen ihrer zahlreichen Tips und Ratschläge im Umgang mit den »unsensiblen Männern« und ihrer Hilfe für durchsetzungsfreudige Frauen viel und gern gelesen. Sie steht den Frauen in ihrem Kampf gegen den Mann wortkräftig zur Seite. Neuerdings aber rät sie den Frauen von ihrem Vorhaben ab, ihre Männer verändern zu wollen. Welch edler Vorschlag: in der Meinung, Veränderung brauche Zeit. Eine Prise Realitätssinn taucht plötzlich am weiblichen Autorinnenhorizont auf. Was für eine Wohltat für den pausenbedürftigen Mann.

Dieselbe Autorin aber leitet an, die Männer zu durchschauen, und zählt dann diverse Mannsbilder auf, sogenannte »Mannstypen«, denen Frau unbedingt streng auf die Finger zu schauen oder ihn stets zu durchschauen habe. In der tröstlichen Hoffnung, über das psychische Röntgen des Mannes zugleich etwas über sich selbst zu lernen. Daß beide Geschlechter in Wesen und Charakter grundsätzlich verschieden sind und man deshalb nicht von einem Geschlecht auf das andere schließen kann, das ist auch bei manchen Psychologinnen offenbar noch unbekannt.

Zu einem anderen Thema: der Aufforderung der Frauen an den Vater, sich bereits ab der Geburt an der Versorgung der gemeinsamen Kinder nicht nur zu beteiligen, sondern alles mögliche zurückzustellen: vom beruflichen Aufstieg bis hin zum Männerstammtisch oder Fußballspiel. Auch in diesem Bereich ist die Frau in ihren Ansprüchen sehr ambivalent. »Viele Erfahrungen sprechen dafür, daß die stärkere Beteiligung der Väter zwar eingeklagt wird, aber der drohende Machtverlust zu subtilen Strategien führt, ihre Verantwortungsbereitschaft zu boykottieren und dadurch ihren Rückzügen Vorschub zu leisten«, schreibt *Horst Petri* in seinem Buch, »Guter Vater – Böser Vater«. Mütter wissen genau, daß sie mehr Macht über ihre Kinder haben, und nützen die Gelegenheit, in schwierigen Situationen die Kinder auf ihre Seite – gegen den Vater – zu ziehen. So können sie ihn geschickt und effizient »entmachten«, ihm im Handumdrehen dann aber vorwerfen, er sei selbst schuld, wenn sich die Kinder auf Mutters Seite schlagen, weil er sich zu wenig um sie kümmere. Frauen finden immer eine Erklärung, die ihre Forderungen und Anklagen plausibel macht. Der Mann ist dann oft verwirrt, rat- und sprachlos: Er hat ja selbst ein schlechtes Gewissen, daß er so viel arbeitet und daß so wenig freie Zeit für seine Kinder übrig bleibt. Also kann er die Anschuldigungen der Frau gar nicht entkräften. Und die subtilen Machtmanöverchen nicht erkennen: Dafür bräuchte es mehr Distanz zur Sache, er aber ist darin verstrickt.

Frauen werfen den Männern dauernd vor: »Erst kommt dein Beruf, dann kommen die Kinder, und erst dann komme ich«. *Horst Petri* und anderen Psychologen zufolge ist der Beruf in der Tat »der Grundpfeiler männlicher Identität. Durch den Beruf befolgt der Mann die verinnerlichten Normen von gemeinsamer Verantwortung und Schutz der Gemeinschaft durch fachliche und soziale Kompetenz. (...) An zweiter Stelle kommen die Kinder. Sie bilden ein Subsystem der Gesellschaft und sind in besonderer Weise vom Schutz des Mannes abhängig. (...) An dritter Stelle kommt die Frau« *(Petri)*. Würde man den Mann nur nach der Liebe fragen, käme die Frau an erster Stelle, dann die Kinder, dann der Beruf. Auf Kinder und eine Frau kann der Mann eventuell verzichten. Auf die Berufsidentität aber kann »er nicht verzichten, ohne sein inneres Gleichgewicht ernsthaft zu gefährden« *(Petri)*. Zudem schafft der Beruf »die idealen Voraussetzungen für die Transformation und Sublimierung seiner Triebwelt«. *(Petri)* Um es kurz zu machen: Der Mann ist in vielerlei Hinsicht überfordert, wenn die Frau von ihm verlangt, er solle sich beruflich stärker zurücknehmen. Abgesehen davon, verfügt er nicht über die fürsorglichen Qualitäten, die es auch heute noch für die Betreuung von kleinen Kindern braucht. Eine weibliche Person – insofern »Naturhaftes« von ihr überhaupt noch zugelassen wird – denkt anders über ein Kind nach, nimmt basale Grundbedürfnisse anders und besser wahr als ein Vertreter der männlichen Spezies. Wenn Frauen dennoch meinen, Männer könnten mit kleinen Kindern genau so gut umgehen wie sie selbst, ist ihnen ernsthaft anzuraten, sich für eine Feldstudie auf diesem Gebiet vom Gegenteil zu überzeugen.

3. Die Einsamkeit der Männer

»Eigentlich sind Männer nicht schlecht. Sie sind nicht schlechter als Frauen. Sie sind nicht schlechter als ihr Ruf und schon gar nicht so schlecht, wie selbstverliebte oder selbstverhaßte Frauenrechtlerinnen der alten Schule sie machen: Mit einem Wort: Männer sind fast in Ordnung. Aber sie haben ein entscheidendes Standortproblem: Sie sind allein. Wären sie nicht so allein gelassen (von Frauen), könnten sie zeigen, was sie können. So können sie nur, was sie zeigen. Und das zielt immer darauf ab, Frauen zu gefallen. Und weil Männer feige sind (daraus machen Frauen Schlagertexte), wagen sie nicht den Durchbruch zu sich selbst. Sie brechen immer nur auf, um bei den Frauen anzukommen.« (*Berndt Schulz,* Die Frauen sind an allem schuld)

Nicht nur Frauenrechtlerinnen der alten Schule lassen die Männer hinter sich und damit allein, ganz normale Frauen auch, ein paar wenige kostbare Frauenexemplare ausgenommen, dotiert mit der aussterbenden Liebesfähigkeit, die die Liebe zum Mann in die Liebe zum Leben einschließt. Und die auch noch Dankbarkeit zu empfinden in der Lage sind. Nicht nur Männern gegenüber, aber auch ihnen gegenüber. Nur sind diese Frauen eine solche Rarität, daß selbst der beste Spürhund sie nicht mehr finden kann. Und dann sind sie bereits so von Männern umzingelt, daß es für den normal sterblichen Mann ohnehin hoffnungslos ist, an diese kostbaren Geschöpfe heranzukommen. Den Männern bleibt demnach nichts anderes übrig, als sich mittels Lektüre die Ersehnte herbeizudenken, um dann nachts in unruhige Träume zu verfallen oder sich die Sehnsucht nach der liebenden Frau mit Arbeit abzugewöhnen. Frauen sagen dann: »Der ist auch so ein Workaholic. Mit dem kann man sowieso nichts anfangen.« Und wiederum sind diese Männer allein. Schließlich haben sie es sich so eingebrockt.

Was, um Gottes willen, muß der Mann alles leisten, tun und lassen und begehren, und auf was muß er verzichten, damit die Frau ihn so liebt, wie er ist? Und was muß er alles tun, damit die Frau ihn in seiner Existenz auf dieser Welt versteht? Nämlich als jemand, der von einer Frau geboren wurde, dem die größte Macht auf dieser Welt in Frauenform erstmals begegnet ist, der von einer Frau seit Kindsbeinen zurechtgewiesen, verachtet oder vergöttert wurde, der dann auf die Mutter verzichten und sich mit dem Vater identifizieren mußte, für den das Liebesobjekt im späteren Leben also demnach immer Mutter und Frau zugleich ist? Die Frau ist da viel freier. Sie kann das Liebesobjekt wechseln (von der Mutter zum Vater und später zum Mann), was sie aber nicht daran hindern wird, ihre »Mutterprojektionen« auf ihren Mann auszuüben. Der Mann hat es da viel schwerer – gerade weil seine Geliebte das gleiche Geschlecht hat wie die wahrhaft allmächtige Mutter seiner frühen Kindheit. Sollte die Frau jetzt entgegnen, er könne für diese Unterscheidung sehr wohl auch mal seinen Verstand benützen, so kennt sie die Sprache des Unbewußten nicht. Denn diese funktioniert nicht nach Gesetzen der Verstandeslogik, hat aber sehr wohl die Spuren der mütterlichen Liebe eingraviert. Daß da auch mal was schiefgehen kann, dürfte jedem klar sein. Besonders wenn die Mutter sich als Diktatorin erwies, wird der mit der Mutter identifizierte Mann von der Frauendiktatur nur schwer Abschied nehmen können. Entweder wird er selbst zum Tyrannen, oder er wird sich zu einer Frau gesellen, die ihn funktionalisiert und über ihn bestimmt.

Im übrigen hat sich die Funktionalisierung des Mannes auch sonst verbreitet wie ein Virus. Männer werden nicht mehr geliebt, sie werden nur noch gebraucht: als Geldverdiener, als Väter, als Rasenmäher. Daß sie dabei einsam sind, kümmert kaum eine Frau. Wenn sie dennoch wagen, sich vorsichtig über ihren traurigen Seelenzustand zu äußern, kommt der Frau nichts Besseres in den Sinn, als ihrem Mann die Adresse einer bekannten Psychotherapeutin in die Hand zu drücken, in der Hoffnung selbstverständlich, diese Frau werde ihn kraft ihrer Autorität als Fachperson eines Besseren belehren und ihn zu dem Mann machen, den sich Frau wünscht. Wenn der Mann Glück hat, findet er einen Therapeuten, der die wahren Probleme erkennt. Ansonsten, und das ist sehr oft der Fall, wird an ihm so viel herumgedoktert, daß er in seiner Identität nur noch mehr geschädigt aus der Therapie herausgeht.

»Nein, es ist hoffnungslos. Es wird so bleiben wie bisher. Die Männer stehen allein gelassen am Abgrund und lärmen zur anderen Seite hinüber, wo die Frauen ihre Pirouetten drehen. Liebe ist unmöglich, Kommunikation ist unmöglich, das gegenseitige Verstehen von Gefährten ist unmöglich. Das große Mißverständnis heißt Liebe. Sie wird als das große, alles umfassende und alles aufwiegende oder beendende Gefühl, als Verschmelzung von kosmischen Ausmaßen und glückliche Paarung beschrieben. (. . .) Männer sehen das nicht so. Sie betonen mit dem Blick getretener Hunde und der Stimme von Raubtieren die Liebe ihrer Frauen. Sie sind nicht in der Lage, die Realität zu sehen, wie sie ist. Ihr Blick auf das Leben ist von Ideologie und Schuld gelenkt, sie biegen sich die Wirklichkeit nach ihren Bedürfnissen beschwichtigend zurecht.« (*Bernd Schultz*, Die Frauen sind an allem schuld)

Männer machen sich – wer könnte das nicht verstehen – gerne vor, geliebt zu werden. Auch wenn die Wahrheit auf einem anderen Blatt steht. Männer werden nicht etwa nur von den Frauen allein gelassen. Auch Männer lassen Männer allein.

Angefangen bei dem vaterlosen Zustand der Kindheit – dem chronisch abwesenden Vater, der sie allein den Müttern ausgeliefert läßt –, sind sie auch heute nach einhundert Jahren Psychoanalyse und Psychologie immer noch eine vernachlässigte Größe. Ich meine nicht etwa von *Sigmund Freud,* der den Mann und dessen Psychosexualität bis auf das letzte Detail hinterforscht hat. Er konnte auch nicht wissen, was in diesem Jahrhundert auf die Männer alles zukommen würde. Ich meine die Männer der heutigen Generation: die Professoren, Soziologen, Psychologen, Philosophen, Ärzte, Journalisten etc. Nicht eine dieser Koryphäen sieht die Diskriminierung des Männlichen in der Postmoderne und die damit einhergehenden Schädigungen kurzfristiger und langfristiger Art. Oder vielleicht sehen sie es, haben aber den Mut nicht, zu ihrer Meinung zu stehen. Bei so viel einkalkulierbarem Frauenprotest nützt ihnen auch das Recht auf freie Meinungsäußerung nicht mehr viel. Alle stehen sie deshalb, so wie es heute zum guten Ton gehört, auf der Frauenseite. Keineswegs wollen sie als antiquiert oder frauenfeindlich gelten. Aus Angst vor den Frauen stehen sie nicht zu den Männern. Und lassen die Männer als Mann allein. Auch männliche Psychologen schütten den Frauen Wasser auf die Mühle. So *Peter Lauster,* wenn er die Eindimensionalität des Mannes beklagt, das Fehlen der Seele beim Mann betont, das sexuelle »Abreagieren« am Körper der Frau hervorhebt. Nur zu oft wird vergessen, daß auch der Mann eine Seele hat, und daß er nicht nur grobschlächtig mit Frauen umgeht.

Nun gibt es ein paar anerkennenswerte Ausnahmen. *Allan Guggenbühl* hat über die männliche Identität ein hervorragendes Buch geschrieben: »Männer, Mythen, Macht«, in dem er kompetent und präzise die diversen Seiten der männlichen Psyche – in ihren Eigenarten und Unterschieden zur Frau – als erfahrener Männertherapeut skizziert. Das Buch hat unter Frauen etliche Empörung ausgelöst. Da Frauen weitgehend über die Lektüre ihrer Männer bestimmen, wurde dieses exzellente Männerbuch viel zu wenig zur Kenntnis genommen. Auch hätte der Inhalt des Buches aufgegriffen werden und in den Medien diskutiert werden müssen. Aber wer den ersten Stein wirft, der hat wohl nichts mehr zu lachen. Wann wird es endlich geschehen, daß jemand ungeschützt in der Öffentlichkeit für Männer eine Lanze bricht?

Ein zweiter Mann namens *Horst Petri*, Psychoanalytiker in Hamburg, hat sich kürzlich mit dem Buch »Guter Vater – Böser Vater« an ein heikles Thema herangewagt. Er behauptet, ganz zu Recht, daß die Forderungen der Frauen an die Männer als Väter zu weit gehen und an der Realität der männlichen Psyche vorbeigedacht sind. Und daß der Eintritt in die Vaterschaft für den Mann weit schwerer zu bewerkstelligen ist als der Eintritt der Frau in die Mutterschaft. Ob er gehört und gelesen wird? Ich wage es zu bezweifeln. Die Frauen werden dieses Buch zur Seite legen und denken, daß man einen solchen »Männerfreund« ohnehin nicht ernst nehmen kann. Ernsthaftes Interesse am Funktionieren der männlichen Psyche hat die Frau bis jetzt selten gezeigt.

Weil Männer für so vieles herhalten müssen, weil sie Zielscheibe von Projektionsbedürfnissen der Frauen sind, schon allein deswegen sind sie einsam. Wer nicht als das erkannt wird, was er ist, der fühlt sich allein.

Nähe bedeutet immer auch Gesehenwerden durch den Anderen. Die Blindheit heutiger Frauen für die Qualitäten der Männer, die eben ganz verschieden sind von weiblichen Qualitäten, läßt die Einsamkeit der Männer stetig ansteigen und treibt sie je länger je mehr in die noch gebliebene Sphäre der Arbeitswelt, in der Hoffnung, diese fehlende Anerkennung vielleicht wenigstens dort zu finden. Oder sie begeben sich in bestimmte Lokale, in denen man ihnen für Geld gern und lange zuhört. Die Anerkennung mag dort kommen, sie ist aber nur ein Zehntel von dem wert, was ihre Frau ihnen bieten könnte, würde sie die Augen auftun.

4. Die Heimatlosigkeit des heutigen Mannes

Die Position des Mannes kommt heute einer Schuljungenstellung gleich. Die in Entwertung, sprich Verachtung umgekippte jahrhundertealte Idealisierung des Mannes verdankt ihre Tradition dem Bild eines gottvaterhaften Beschützers der Frau. Einem Retter in der Not, einem Allroundbefreier und Bodyguard. Da der Mann infolge seiner menschlichen Natur aber kein Gott und auch kein Übermensch ist, der Frau also nicht stets hilfskräftig zur Seite stehen kann, sondern auch seine eigenen Sorgen und Alltagslasten hat, ist die Frau sehr oft in ihren Erwartungen an den Mann enttäuscht. Zudem ist sie in ihrem weiblichen Stolz gekränkt. Hatte sie doch gehofft, der Mann würde sie auf Händen tragen, ihr Selbst erhöhen, ihr wie einer Prinzessin den roten Teppich ausrollen und ihr auch all jene Freiheiten zugestehen, von denen sie schon immer als kleines Mädchen geträumt hat. Außerdem hatte sie damit gerechnet, er würde ihr einen Großteil ihrer Lasten abnehmen, für die Familie sorgen (nicht nur finanziell), sondern auch seine gesamte Freizeit für Kinder und Frau opfern. Sie denkt, sie habe ein Recht auf seine Person. Vor allem möchte sie einen Ausgleich: in der Annahme, er habe es so spannend und toll in seinem Berufsleben, er sei ganz unabhängig und frei, derweil sie sich zu Hause mit den Kindern herumquälen muß, hat sie den Anspruch auf die Einsicht ihres Mannes, daß er seine

Frau schuldgemäß für diese Qual entschädigt. Schließlich hatte sie auch die Schmerzen der Geburt zu tragen, für die jede Frau heute meint, entschädigt werden zu müssen, auch vom Vater Staat. Für dieses ihr von der Natur zugefügte »Leid« will die Frau eine Rückerstattung. Der Mann soll dafür zur Rechenschaft gezogen werden. Von den Geburtsqualen seiner Teuersten läßt er sich – außer er ist zufällig selbst Frauenarzt – immer sehr beeindrucken. Er ist oft auch ahnungslos darüber, wieviel Lust die Frau dabei erleben kann, während er tapfer seinen Gebär- und Stillneid zu bekämpfen hat. Oft ist er auch bereit, die Frau zu bedauern und sie entsprechend zu entschädigen. Seine Dankbarkeit über das geschenkte Leben versteht sich von selbst. Darüber hinaus aber wird er ab sofort zu hören bekommen, wie viel die Frau jetzt entbehren muß und wie schwer sie es im Leben hat. Kein Wort wird fallen über den heimlichen Genuß der jungen Mutter. Und spätestens jetzt wird der Mann unter erheblichen Schuldgefühlen zu leiden haben.

Diese Haltung einer versteckten Idealisierung, vordergründig aber offen gezeigten Verachtung des Mannes durch die Frau, sitzt tief. Sie geht einher mit der häufig anzutreffenden Distanzierung von der eigenen Mutter, ihrer Geringschätzung und der nie enden wollenden Ablösung von ihr. Was man von ihr nicht bekommen hat oder nicht mehr bekommen kann, das will man jetzt vom Ehemann.

Der heimlichen Vergötterung des Mannes steht ein geknechteter Gott gegenüber. Ein Gott muß es alleweil sein, denn wie sonst könnten Frauen von den Männern so viel erwarten, so viel einfordern? Mit einem Ansturm von Vorwürfen hoffen sie, von diesem geknechteten Gott endlich erhört zu werden. Der Versuch der Frauen, den Kreis zu quadrieren, von den Männern Unmögliches zu verlangen, ist aber auf lange Sicht zum

Scheitern verurteilt. Die Forderungen der Frauen an die Väter etwa gehen an den elementarsten psychologischen Erkenntnissen vorbei, nach denen die berufliche Identität die Hauptidentität des Mannes ist. Wird diese durch den Teilzeitvaterjob in Mitleidenschaft gezogen, leidet der Mann, und infolgedessen die ganze Familie. Indes panzern sich die Männer immer mehr in Schweigen ein. Und die ehelichen Beziehungen werden unleidlicher von Tag zu Tag.

Es sieht ganz so aus, als hätten Frauen noch nie etwas von einem »Respektraum« zwischen Menschen gehört. Natürlich gibt es etliche Frauen, die toll mit ihren Männern umgehen, vor denen man nur den Hut ziehen kann. Aber das Gros der heutigen Frauen in jungem und mittlerem Alter erlaubt sich Tag für Tag, immer mehr über die Stränge zu schlagen. Mit ihrer gelenkigen Zunge fällt es ihnen denn auch gar nicht schwer, den in Gefühlsdingen weniger ausdrucksstarken Mann verbal zu knechten. Es kommt nicht mehr vor, daß dem Mann herzlich und heiter die Hände entgegengestreckt werden. Nein, das verbieten der Stolz und der Unabhängigkeitsdrang der Frau. Nicht zu sprechen von ihrer chronischen Enttäuschung am Mann, die ihre Arme lahmzulegen scheint.

Der unerbittliche Kampf um die Rechte der Frau geht also im privaten Heim unentwegt weiter. Kaum ist der Mann wieder unter dem Dach, hagelt es an verbalen Ohrfeigen auf ihn nieder. Oder die Frau verschließt sich dem Mann, wird unnahbar.

Unterdessen ist in der Öffentlichkeit immer die Rede vom Mann als dem gewalttätigeren und aggressiveren Wesen. Und niemand kontert: Die eingeschüchterten Männer haben ihre Stimme verloren. Wen wundert es? Ihnen säuselt der Kopf, sie sind wie Vögel, die nicht mehr singen können.

Kaum eine Frau sieht, was die Männer für uns tun. Was sie

für uns Frauen alles erfunden haben, von der Waschmaschine bis zum Haarfön und dem Handtelefon. Alles egozentrische Leistungen, die die Männer ohnehin auch für sich selbst erfunden hätten? Ich denke nicht. Männer schaffen und erschaffen in der Regel nur im Hinblick auf die Frauen. Denn was Männer alles für Frauen tun, das geht ins Unermeßliche. Zugeben würden sie es allerdings nicht gern. Aber dennoch täte es ihnen gut, wenn die Frauen dies mit ein klein wenig Dankbarkeit von Zeit zu Zeit erkennen und anerkennen könnten. Die Männer würden sich weniger einsam fühlen und weniger an der Sinnlosigkeit ihrer eigenen Existenz leiden, ein Problem, das Frauen kaum haben, da Frauen gebären können und sich der unmittelbare Lebenssinn aus dieser Rolle heraus in natürlicher Anschaulichkeit zeigt.

»Die Männer sind arme Leute«, sagte kürzlich ein Psychologe zu mir. Nicht daß ich nun großes Mitleid mit den Männern hätte. Aber Tränen könnten schon bisweilen kommen, wenn man sieht, wie Männer heute überall, im Beruf und auch privat, immer mehr unter die Räder geraten. Wie sie oft einem Nervenzusammenbruch nahe sind, und sich dennoch tapfer durch die antimaskuline westliche Welt hindurchkämpfen und durchzuhalten versuchen, obwohl sie immer öfter ans Auswandern denken müssen.

Daß das Gesetz von Geben und Nehmen nur funktioniert, wenn der Gebende selbst auch wieder nehmen kann, ist in Vergessenheit geraten. Dieses Gesetz ist von den Frauen einseitig in ein Nehmegesetz umgeschrieben worden. Mit der Begründung, Frauen hätten immer schon so viel mehr als Männer dieser Welt gegeben, und sozusagen nie genommen, wollen sie jetzt endlich nur noch nehmen.

5. Der in seiner Potenz angeschlagene Mann

Männer erleben Tag für Tag ihr blaues Wunder. Mächtig greifen die Frauen in die Tasten, wenn es darum geht, dem Mann seine Schwächen aufzuzeigen. Die Großväter würden sich im Grabe umdrehen, wenn sie wüßten, was ihren Enkeln mit den Frauen passiert. Unentwegt ist die Frau in der Offensive. Was hören wir von Frauen über die Männer ihrer Sehnsucht? Nichts als Defizite werden ihnen aufgetischt: daß sie demütigen, ausbeuten, schlagen, vergewaltigen, beherrschen, manipulieren, belästigen, schweigen, sich entziehen, fallen lassen, im Stich lassen. Es mangelt überall: an Gesprächsbereitschaft, an Treue, an Ehrlichkeit, an Seele, an Feingefühl, an Leidenschaft, an Kommunikation.

Bei den Frauen soll alles viel besser und edler aussehen. Spätestens in den siebziger Jahren haben Frauen das aufgegriffen, wozu sie im Mittelalter von den Minnesängern gemacht wurden: zu einem erhöhten Wesen, das in seiner Vollkommenheit nichts mehr zu wünschen übrig läßt. Zwar ein irdisches Geschöpf, das aber nichtsdestoweniger göttlich ist. Ein Wesen, das selbst in schwierigsten Zeiten pflicht- und verantwortungsbewußt, treu und selbstlos durch die Welt marschiert, immer bereit, einem Kind etwas Mutterliebe und einem Mann etwas Bettwärme zu gewähren. Ähnlich der von Brecht hervorgezauberten Mutter Courage, ist die Frau das starke Wesen, zäh und durchhaltefähig, kraftvoll in Seele und Herz, schlau und menschlich stark. Wären Frauen von den Männern nicht über Jahrtausende niedergedrückt, in ihrer Entwicklung gebremst worden, hätten wir es heute nur noch mit Frauen wie Hildegard von Bingen, Mutter Teresa, Simone de Beauvoir, Alice Schwarzer, Golda Meir, Maggie Thatcher und ähnlichen erfolgreichen Vertreterinnen der weiblichen Spezies zu tun. Daß die

Durchschnittsfrau sich trotz Unterdrückung so tapfer gehalten hat, wie das anscheinend kein einziger Mann zustande brächte, ist bei so viel vorhandener weiblicher Potenz nicht mehr erstaunlich.

Emporstilisierung auf der Frauenseite, Diskreditierung auf der Männerseite. Frauenbonus und Frauenförderung bei Geschäftsgründungen, während Männer mit demselben Anliegen leer ausgehen (NTV 11. 11. 1997), mit der offiziellen Begründung: Wären Sie eine Frau, könnte man da schon etwas machen, aber so . . .

Die Nachteile, ein Mann zu sein, wachsen, Tag für Tag. Wo zusätzlich noch auf Schritt und Tritt der Stab über Männer gebrochen wird, wo Männer in keiner Weise mehr anerkannt, sondern nur noch zum Spott von Frauen und anderen geraten, müssen sie zwangsläufig Potenzprobleme bekommen. Eine ganz natürliche und unvermeidliche Reaktion. Männer im mittleren Alter scheinen weniger davon betroffen zu sein, vielleicht weil ihre Männlichkeit in früheren Zeiten noch stärker zum Zug kommen durfte. Viele junge Männer von heute aber – oft wollen sie es nicht zugeben – leiden unter einer immer stärker um sich greifenden psychogenen Impotenz. Primär unter einer sporadischen, dann immer öfter auftretenden sexuellen Impotenz, darüber hinaus dann aber auch unter psychischen Ängsten, generell nicht potent zu sein, sich nicht sicher und gut in der eigenen Haut zu fühlen.

Die biologischen Geschlechtsunterschiede verlangen, daß der Mann sich vor der Frau immerfort beweisen muß. Die Frau kann empfangen, koitieren, gebären, Lust passiv erleben. Die Frau wirkt durch ihr bloßes Sein, sagt *Karen Horney*, ein Umstand, der vom Mann mit Bewunderung einerseits, mit Ressentiment andererseits erlebt wird. Der Mann muß ständig etwas leisten, um seine Erfüllung zu finden. Das typisch männliche Ideal ist demnach ein Ideal der Effizienz, des Tuns, mit anderen Worten, des Erfolgs. Was immer der Mann aber tut, es befriedigt die Frau nicht.

Junge Männer sind in ihrer Jugend oft so abgerichtet und verweiblicht worden, daß sie mit ihrer Aggression und mit ihren Selbstzweifeln nicht mehr zurechtkommen. Sexuell draufgängerisch – was ihrer wahren Natur entspräche – dürfen sie nicht mehr sein, ansonsten riskieren sie den Vorwurf der sexuellen Belästigung oder eine entsprechende Strafanzeige. Eine Frau heute auf normale Weise im Café oder auf der Straße anzusprechen, ist für einen Mann wie der Eintritt in die Höhle des Löwen. Immer riskiert er die Blamage, die Herabsetzung durch die Frau in aller Öffentlichkeit. So ist es denn auch nicht erstaunlich, daß viele Männer immer mehr in Ratlosigkeit und in eine sich auch für Frauen verheerend auswirkende Passivität abgleiten.

»Wir haben keine Männer mehr«, klagen die Frauen heute mehr empört denn versteckt sehnsüchtig. »Er steht nicht einmal mehr auf, wenn ich zum Rendezvous komme, hilft mir nicht in den Mantel und überläßt die Initiative immer mir, und im Bett muß ich auch den ersten Schritt tun . . .«, klagt Suzanne, eine 36jährige junge Frau. Wen wundert es? Die konzentrierte, jahrzehntelange Infragestellung von Männlichkeit mußte ihre Spuren hinterlassen. Und die um sich greifende sexuelle Potenzstörung dürfte auch für Frauen alarmierend sein: ein Zeichen männlichen Identitätsverlustes und nicht etwa das geringere Übel als ein Verlust der Arbeitsfähigkeit. Sexuelle Impotenz setzt dem Mann mehr als alles andere zu.

Sind die sich mehrenden Potenzstörungen und die seit kurzem wissenschaftlich belegte, dramatisch schrumpfende Spermienqualität junger Männer auf Streßfaktoren zurückzuführen? Frauen sollen unter Streß mehr männliche Hormone produzieren und deshalb immer öfter über Haarausfall klagen. Männer dürften ihrerseits mit einem geschwächten Immunsystem und mit Störungen ihrer Sexualfunktion reagieren. Ich wage zu behaupten, daß der prominenteste Streßfaktor beim Mann heute nicht in erster Linie seine Arbeitssituation ist, sondern die kontinuierlichen Infragestellungen, sowie das parallel dazu auftretende Liebesdefizit und die Nichtanerkennung männlicher Qualitäten durch die Frauenwelt. In seiner Identität ist der Mann abhängiger von der Frau als sie von ihm. Die Haltung der Frau ihm gegenüber prägt ihn mehr als alles andere. Wenn die Frauen mit der Diskriminierung des Mannes weitermachen wie bisher, dürften sie bald – falls sie sich doch noch fortpflanzen möchten – auf die Samenbanken von Drittweltländern zurückgreifen müssen.

Die Männer werden immer ratloser. Und die Psychoszene hat ein neues Arbeitsfeld entdeckt: In Männergruppen wird versucht zu verstehen, was die Frauen eigentlich wollen. Ob sich jetzt der Wind nun noch mehr in eine feminine Richtung dreht? Und der Mann sich nur noch mit der Frau beschäftigt, derweil er das Eigene gänzlich aus den Augen verliert? In der Tat wären diese Aussichten verheerend. Schon jetzt haben wir es mit einem fortschreitenden Feminisierungsprozeß von Männern zu tun, der seinesgleichen in der Geschichte unserer globalen Welt sucht. Die Marktwirtschaft läßt auch nicht mehr lange auf sich warten, um das Produkt des »neuen Mannes« an den Mann zu bringen. Die ersten Anzeichen hierfür sind bereits in vollem Gang: Die Kosmetikindustrie, die Bekleidungsindustrie etc. haben die Zeichen der Zeit erkannt und wissen sie zu nutzen.

Ob Frauen solche Männer bewundern? Ob Frauen diese Identifikation mit dem Femininen wünschen? Frauen wollen keinen Softie, schreibt *Peter Lauster* in seinem Buch »Die sieben Irrtümer der Männer«. Richtige Frauen wollen auch richtige Männer vor sich haben, und keine feminin aufpolierten Teddybärchen. Ein Mann ist anziehend und interessant für die Frau, wenn er das polar entgegengesetzte Wesen vertritt. Wenn er das weibliche Prinzip mitintegriert hat, aber an erster Stelle das männliche Prinzip vertritt. Leider werden diese Männer immer seltener. Es sieht heute so aus, als würden Männer in Männergruppen zu weiblichen Anliegen finden wollen. Das aber kann nicht das Ziel einer identitätssuchenden Männergruppe sein. Viel eher die Bewußtwerdung ureigenster männlicher Anliegen und deren Integration zusammen mit den Anliegen der Frauen dürften sinnvolle Zukunftsmusik für Männer sein. Und da wären andere Werte als die heutigen zu finden: zum Beispiel die Beschäftigung mit den Tücken weiblicher Kriegsführung gegen den Mann, mit wahrer und vorgetäuschter Liebe, mit einer erfüllten Vater- und Partnerschaft, die nicht nur dem weiblichen, sondern auch dem männlichen Wesen entspricht.

Das Selbstwertgefühl des Mannes ist in der Beziehung zur Frau ganz besonders empfindlich. Die Wurzeln liegen in der Kindheitsentwicklung, in der jeder Mann auf Gedeih und Verderb allen möglichen Formen weiblicher Machtausübung ausgeliefert war.

»Die Angst, zurückgewiesen zu werden, ausgelacht zu werden, ist nach meiner Erfahrung ein typisches Ingrediens sämtlicher an Männern ausgeführten Analysen, ganz gleich, welche Mentalität oder welche Neurosenstruktur vorliegt.« *(Horney)* Diese Angst wird oft verdeckt durch eine unbewußte weibliche Orientierung des Mannes. Die frühe Kränkung seines Selbstgefühls dürfte mit zu den Faktoren zählen, die geeignet sind, dem heranwachsenden Jungen die männliche Rolle zu verleiden.

Der Mann ist also von Kindesbeinen an auf weibliche Macht sensibilisiert oder »immunisiert« worden. Jedenfalls dürften immer etwaige unbewußte Ängste vor der Frau vorhanden sein. Was den Frauen offenbar das »Recht« gibt, dem Mann auch das noch vorzuwerfen: daß er seine von der Mutter erzeugten Ängste auf die Frauen projiziert, sie dort bekämpft und die Frau deshalb nur beherrschen will. Vielleicht ist da ein Körnchen Wahrheit mit dabei. Das gleiche gälte dann aber auch für die Frau, die ja dieser Muttermacht auch ausgeliefert war, wenngleich anders.

Der Mann hat unbewußt Angst vor der Nähe mit der Frau. Vor dem Festgehaltenwerden und dem Verschlungenwerden. Das war seit Urzeiten so. Ängste sind da, um bewältigt und integriert zu werden. Man nennt sie irrational, oder auch neurotisch, wenn sie nichts mit der aktuellen Realität der Beziehung zu tun haben. Dann kann auch ein Psychotherapeut erfolgreich mit dem Mann daran arbeiten. Sind sie aber in der aktuellen äußeren Realität begründet – wie das heute immer öfter der Fall ist –, kann auch der beste Therapeut daran nichts ändern. Was sagte Freud: Nach dem neurotischen Elend kommt das reale. Wenn Frauen ihre Männer weiterhin entwerten, in ihrer Eigenart verschlingen, sie für ihre Zwecke festhalten und entfremden, hat der Mann es mit dem realen Elend zu tun. Und die Frau wird für den Mann noch rätselhafter, unheimlicher und beängstigender. Das männliche Immunsystem dürfte dann auf Hochtouren laufen, und der Mann wird sich noch mehr durch Rückzug schützen müssen.

6. Entwertung und Abschaffung des Mannes

»Männer kommen nur noch am Rande vor, und wenn, dann nur noch als Bösewichte«, schreibt *Berndt Schulz* aus der Sicht eines Mannes, der die Situation heutiger Männer in seinem Buch »Die Frauen sind an allem schuld« schmähend analysiert. Er gibt den ungehörten Klagen der Männer eine Stimme, die bezeugt, in welch mißlicher Lage sich Männer heute befinden.

Schon die kleinen Jungen werden »kastriert«: Sie dürfen keine Rauf- und Räuberspiele mehr praktizieren, keinen fiktiven »Krieg« mehr inszenieren, keine Pistolen mehr benützen. Wehret den Anfängen, heißt es in aller Frauenmunde. Daß sie dadurch den Söhnen die symbolische Kanalisierung ihrer triebhaften naturgegebenen Aggressivität wegnehmen, sehen Mütter nicht. Dafür reicht ihr pazifistischer, de facto aber männerablehnender Horizont nicht aus.

Ein junger Mann um die Dreißig schildert, wie er die jungen Frauen in seinem Alter erlebt: »Immer sind die jungen Frauen am Zurechtweisen. Sie wissen sowieso alles besser als wir Männer. Gefühlsmäßig fühlen sie sich dem Mann überlegen, weil sie davon überzeugt sind, den totalen Durchblick zu haben. Auch in emotionaler Hinsicht. Männer lassen so viel mit sich machen. Ich beobachte oft folgendes bei jüngeren Paaren: Die Frau ist die Managerin und entwertet den Mann. Sie gibt ihm zu verstehen, daß er das und jenes nicht kann, und tut das ohne Hemmungen auch vor ihren Freunden und Bekannten. Frauen bestimmen weitgehend über die Männer. Mein Freund Paul fragt zum Beispiel immer zuerst seine Frau, ob sie einverstanden ist, bevor er mit mir ein Bier trinken kommt. Diese Übergriffe von Frauen auf ihre Männer kann ich fast täglich beobachten. Ich selbst würde so etwas niemals akzeptieren. Ich frage mich, ob ich dann überhaupt noch eine Frau finden kann. Und ich sehe auch immer wieder, wie die Männer davon überzeugt werden, daß Frauen das bessere Geschlecht sind, weil sie emotional angeblich stärker sind. Wenn Stärke aber in Überlegenheitsgefühle einer Partei ausartet, stimmt doch etwas mit den partnerschaftlichen Beziehungen nicht mehr.«

Wie recht er hat, dieser junge Mann. Er dürfte es schwer haben, eine Frau zu finden, die ihn nicht auf die heute übliche Weise infantilisiert.

Während sich Frauen über die sexistische Schönheitsqualifikation durch Männer immerzu ärgern und sich heftig dagegen wehren und auch die Disqualifikation der alternden Frau einseitig nur dem Mann unterjubeln, sind sie selbst Profis in Sachen Schönheitsjury für männliche Geschöpfe geworden. Hier machen sie für den Mann auch keinen Altersabzug in Sachen Aussehen. Schonungslos wird alles, was der Schöpfer dem Mann mit auf den Weg gegeben hat, unter die Lupe genommen: der Bart, das schüttere Haar, der Bauchansatz, die Haut, die Hosenträger, das Parfüm, die Krawatte, die kurzen Beine, die schmalen Schultern, die zu breiten Hüften, die zu kurzen Zähne, die abstehenden Ohren, die Hängebacken, die klumpigen Hände etc. Nur Frauen wissen, wie unbarmherzig die Männer auf ihre körperlichen und sonstigen Schwächen geprüft und benotet werden, und welch fröhlich-lustvollen Schmaus sich Frauen daraus machen.

»Wer hat den Irrglauben zu verantworten, demzufolge Männer nicht schön sein müßten? Wer hat den Männern eingeredet, daß es reicht, sich die Haare ausfallen zu lassen und dazu ein bedeutsames Gesicht zu machen? Und wie konnte es passieren, daß spätpubertierende Chauvi-Kröten wie Günter Jauch, blondierte Ex-Ministranten wie Gottschalk,

Bassetgesichter wie Wickert, Wesen aus der Gattung der Lippenlosen wie Küppersbusch ins Fernsehen kommen? Und deren Esprit auch nicht ausreicht, darüber hinwegzutrösten, daß sie die erotische Ausstrahlung eines Plastikkleiderbügels haben?« (*Petra Reski,* Eine Prinzessin zahlt nie selbst)

Die Frauen sind Prinzessinnen und die Männer unbrauchbare kalte, unerotische Frösche, die sich trotz weiblicher Anstrengungen nicht in einen Froschkönig verwandeln wollen. Aber die anspruchliche Erhabenheit der Frau Prinzessin kennt die Grenzen männlicher Frustrationstoleranz noch nicht. Und die enttäuschte Prinzessin kann diese Enttäuschung nicht verkraften und träumt deshalb weiter von dem unerreichbaren schönen Mann, der ihre Plastikhügelentwertungen liebend aushält.

Anläßlich einer Fernsehsendung zum Thema »Philosophieren tut jeder, der nachdenkt« hat ein Dreierfrageteam eine Philosophieprofessorin eine Stunde lang befragt. Das Frageteam bestand aus zwei Männern und einer Frau, allesamt arrivierte und differenzierte, in der Öffentlichkeit bekannte Personen. Fast in jeder Philosophiesendung kommt das Frauenthema des »Opfers« auf den Tisch. Oder das Thema des Mannes als Defizitwesen drängt sich subtil an die Oberfläche, dies natürlich immer nur dann, wenn im Frageteam eine Frau sitzt. Auch diesmal: Frau Meier aus dem Frageteam stellt der vorgestellten Philosophieprofessorin am Schluß des Interviews die Krönungsfrage der Sendung: »Glauben Sie, Frau Professorin, daß die Männer das auch noch lernen können?« Derweil die Kameras noch kurz auf den beiden Männern verweilen, die stumm und sichtlich irritiert gerne noch etwas hinzugefügt hätten, aber im Blick auf das letzte Wort der Sendung leider keine Chancengleichheit genießen, da sie nicht zum weiblichen Geschlecht gehören.

Frauen behaupten von sich, die sensibleren, wahrhaftigeren, zärtlicheren, kurz die besseren Menschen zu sein. Genau aber wie einzelne Männer, die von sich behaupten, das stärkere und kreativere Geschlecht zu sein, in der Liebe versagen müssen, sind auch diese Frauen nicht unbedingt für die Liebe geschaffen. Viele Frauen sind überzeugt davon, daß ihr Leben viel besser ohne Mann funktioniert. Oft ist der Mann nur noch ein Störfaktor im täglichen Ablauf der Dinge, die die Frau verrichtet. Nur noch ab und zu darf er zu Besuch kommen. Die Kinder aber soll er so wenig wie möglich sehen, weil sie sonst »Schaden« nehmen könnten. Zahlen soll er natürlich fraglos weiter. Nüchtern kalkulierend wollen Frauen von Männern weiterhin bezahlt und beschützt werden, derweil sie kaum noch etwas von sich geben. Die Liebe soll nicht mehr dem Mann gehören, sondern den Kindern, die dann oft genug für Bedürfnisse, für die sie nicht zuständig sind, von Frauen mißbraucht werden.

Je mehr die Frauen Männer in Frage stellen oder krude verachten, desto schlechter werden sich die Männer fühlen, und desto unbefriedigender werden die Beziehungen zwischen den Geschlechtern sein. Denn auch die Männer sind abhängig von Frauen. Allzuoft verlieren Frauen diese Tatsache aus den Augen. Und je mehr der Partner infantilisiert und seiner Autonomie beraubt wird, wie das der junge Mann im Beispiel aus seinem Freundeskreis schildert, desto mehr fühlt sich die Frau erhaben und autonom.

Je mehr sie den Partner in ihrem »Besitz« hat – was kein neues Thema ist, heute aber mit Hilfe des Feminismus leichter gerechtfertigt werden kann –, desto weniger Macht- und Autonomieverlust hat die Frau selbst zu ertragen. Und um so pseudoselbstbewußter wird sie sich fühlen. Ein schales Glücksgefühl jedoch, das trügt, weil die Rechnung schlußendlich doch nicht aufgeht. Denn eine Rechnung, die auf Kosten des Mannes gemacht wird, kann langfristig niemals schwarze Zahlen garantieren.

Ein weiteres Thema der Entwertung des Mannes: Feministinnen nörgeln am neuen Vater herum. Wenn dieser zeitunglesend den Kinderwagen vor sich herschiebt oder pfeiferauchend am Kinderspielplatz sitzt, sind Frauen völlig entsetzt. Gewußt haben sie es ja, daß daraus nichts werden kann. Wenn sie sich selber aber mit einem Buch während des Stillens vergnügen – wie die Schriftstellerin und Feministin *Anja Meulenbelt* von sich beschämt zugibt –, dann wird das sogleich verständnisvoll entschuldigt. Auch wenn eine junge Mutter ihr Baby zur Vorlesung mitbringt, gibt es milde Nachsicht. Wenn das Baby immerzu schreit, auch. Niemand greift ein.

Mütter und Babys haben heute ein Störrecht ersten Ranges. Und wenn eine Mutter ihr Baby falsch hält (beobachtet im Hörsaal anläßlich eines Psychotherapeutenkongresses in Hainburg), dem Kind den noch unstabilen Kopf sorglos in der Luft herumbaumeln läßt, bemerkt kaum jemand, daß das Baby schreien könnte, weil es falsch gehalten wird. Und weil es sich in der dunklen, stickigen Luft eines Hörsaals nicht wohl fühlt. Man darf heute einer Mutter nicht verübeln, daß sie sich weiterbildet, während ihr Baby schreit. Wäre das ein Mann gewesen, hätten sich alle bemüht, ihn zu belehren, hätten ihm das Baby abgenommen und ihn wegen seines Verhaltens getadelt. Die Frau aber bleibt verschont, auch wenn ihr Baby offensichtlich Schaden nimmt.

7. Die sexuelle Belästigung des Mannes
durch die Frau

Es gehört offenbar zum Frauenbonus, daß die Frau sich alle Freiheitsrechte der Anmache dem Mann gegenüber herausnehmen darf. Es wird nicht gefragt, wie viel der Mann ertragen kann. Einzig und allein zählt die Freiheit der Frau, sich in der Welt so zu bewegen, wie es ihr gefällt. Kürzlich fragte mich ein Mann: »Sind die Frauen sich ihrer Macht überhaupt bewußt? Ich denke an den Fitnessclub, wo die Frauen sich extrem figurbetont anziehen. Sie machen die Männer geil, um sie nachher abzuweisen.«

Mit dem Köder für den Mann sind die Frauen von heute gar nicht geizig. Nicht nur Augenauf- und Niederschlag haben es an sich, den Mann kräftig in ihren Bann zu ziehen, auch die nackte Haut, der entblößte Bauchnabel, der zur Schau getragene Körper. Man muß nicht prüde sein, um das geschmacklos zu finden, was Frauen heute als Verführungswaffen benützen. Aber Frauen tun das sehr bewußt. Sie wollen erregen, aufregen, Aufmerksamkeit erheischen. Sie geben vor, während Jahrhunderten an Haus und Herd gekettet worden zu sein, und müssen jetzt nachholen, was es nachzuholen gibt, indem sie zeigen, was sie haben. Mit durchsichtigen Blusen, Mini-Jupes, hautengen Pullis, büstenhalterlos und mähneschwingend stolzieren die Frauen an den übererregten Männern vorbei. Mitunter tragen sie ihren ganzen Körper zur Schau wie einen Panzer: den Blick fast bis zum Genitale freilassend, stolzieren sie »selbstbewußt« die Straßen entlang, scharf auf jeden Mann, der ihnen nachpfeifen könnte. Scharf allerdings im Sinne von entrüstet und empört. Als würden sie die Männer testen wollen, ob sie sich als Lüstlinge entpuppen und in die Falle geraten, um sie dann siegessicher als Sexmolch zu demütigen. Wie Teufel sind Frauen hinter der armen Seele Mann her, dem die Natur leider nur eine ganz geringe Kontrollmöglichkeit über seine spontanen Erektionen mitgegeben hat.

Frauen präsentieren sich den Männern, als müßten sie bei einem Sex-Wettbewerb den ersten Preis erringen. Die neueste Designermode etwa geht in diese Richtung: Man kleidet sich nicht mehr an, sondern aus. Da die Oben-ohne-Bademode nicht mehr der letzte Schrei ist, mußte man sich etwas Neues einfallen lassen, gleich für das ganze Jahr. Durch die Transparenz der Stoffe sollen die sekundären Geschlechtsmerkmale für den gewöhnlichen Sterblichen gut sichtbar gemacht werden. Und das männliche Geschöpf noch mehr benebelt, abgelenkt und verwirrt werden. Der Mann soll sich auch nicht mehr auf seine Arbeit konzentrieren, sondern von sexuellen Gedanken an die Frau gefesselt werden, daß ihm immerfort der Atem wegbleibt. So lange, bis er keinen Schnauf mehr hat. So gesehen, wäre das dann der absolute Sieg der Frauen über die Macht der Männer. Frauen, die so mit den Männern spielen, haben keine Spur von Einfühlung in das Wesen des Mannes. Oft sehen sie selbst nicht über den eigenen Tellerrand hinaus.

So viel Naivität hätte man dem Wesen Frau nicht zugetraut. Und es sind nicht etwa nur die adoleszenten Frauen, die das tun. Es sind oft auch junge Mütter, die mit Stöckelschuhen und Mini-Jupe den Kinderwagen vor sich herschieben. Statt ein Spiegel für ihr kleines Kind zu sein, suchen sie immerfort den Spiegel ihrer selbst in den Blicken der Passanten. Daß dabei ab und zu ein kleiner Unfall passiert, nimmt man getrost in Kauf. Wer wird es der guten Frau schon verübeln, daß sie mit hochhackigen Schuhen stolpert und das Kind mitsamt der Mutter am Straßenrand landet? In einer Zeit, in der sich die Frau gerade erst aus ihrer Mutterrolle zu befreien wagte? Und wir auch so viele gute Krankenhäuser haben, die das Unglück schon wieder reparieren werden? Da wird niemand etwas zu sagen wagen.

Frauen finden die aufreizende Mode ganz normal und harmlos noch dazu. Dem Mann wird Appetit gemacht, der Speck durchs Maul gezogen, um ihn, falls er anbeißen sollte – entrüstet und empört über so viel Begehrlichkeit – in hohem Bogen von sich zu stoßen. Dann wird über den Mann triumphiert: Wieder gibt es Beweise dafür, daß Männer nur am Sex interessiert sind, daß sie sich doch nur am Körper der Frau abreagieren wollen. Was für abartige Wesen die Männer sind. Im Klartext: Eigenverantwortung ist ein Fremdwort, Männer allein haben alle Verantwortung. Sollten sie dann noch handgreiflich werden oder sich verbal zu einem erotischsexuellen Bewunderungssatz hinreißen lassen, droht ihnen die Festnahme durch die Polizei. Derweil sich Frauen alles erlauben dürfen.

Frauen spielen mit den Männern wie mit einem Spielzeug, das man wegwirft, sobald es überflüssig ist. Man braucht sie nur für die eigene Selbstbestätigung, als positives Echo. Dann sollen sie still sein. Eine Frau mit einer positiven weiblichen Identifikation aber würde sich niemals so zeigen. Eine wirklich selbstbewußte Frau hat das nicht nötig, es wäre unter ihrer Würde. Es spricht für eine unstabile weibliche Identifikation, wenn Frauen in der Öffentlichkeit – rücksichtslos und naiv – grobe Verführungstechniken an die Adresse der Männer richten.

Sie wollten sich nur für sich selbst schön machen, heißt es dann in wiederkäuerischer Manier, nicht für Männer. Sie seien allenfalls an ganz bestimmten exquisiten männlichen Exemplaren interessiert, die aber nur noch jedes Schaltjahr einmal auftauchen sollen. Aber für den Fall der Fälle, daß dieser idealisierte »Traumvaterersatz« vielleicht doch noch in Erscheinung treten könnte, muß das Outfit stets auf Hochglanz poliert und vor dem Spiegel mit dem Minirock trainiert werden, damit die langen Beine und der Ausschnitt noch schön sichtbar sind, ganz knapp aber dann doch nicht mehr das Unterhöschen.

Für die Männer ist hier guter Rat teuer. Entweder sie ziehen sich Scheuklappen an – wollen sie sich weiterhin auf ihre Arbeit konzentrieren –, oder sie überlassen sich vertrauensvoll ihren Gefühlen, die sie dann mit viel Energieaufwand im Zaum halten müssen, wollen sie nicht direkt ins weibliche Messer laufen oder der Justiz übergeben werden. Denn Frauen werden noch lange darauf beharren, das »sexuelle Belästigungsmonopol« für sich allein zu beanspruchen, während Männer, wenn sie sich nicht gegen dieses weibliche Monopol wehren, in ihrer geschlechtsspezifischen Art der sexuellen Annäherung weiterhin den kürzeren ziehen. Mit der Unfehlbarkeitsidee leistet sich die Frau weiterhin dort ihre Privilegien, wo sie sie haben möchte. Ihre Freiheitsrechte können zwar kollidieren mit den Freiheitsrechten anderer. Hauptsache: Die Frau vertritt ihre eigenen Freiheitsrechte. Was in den Männern wirklich vorgeht, scheint sie nicht zu interessieren.

Früher hatte ein Mann noch Freude am Grübchen in der Wange einer Frau, heute mustert er ihre Brüste, mißt ihren Beckenumfang mit den Augen, sieht sich prüfend ihre Beine an und beschließt – aufgrund ungenügender Stimulierungsdaten für seine Erregbarkeit –, das Gespräch mit ihr nicht fortzusetzen, sondern sich weiter im Raum umzuschauen, um ein treffenderes Objekt für seinen sexuellen Appetit zu finden. Wer kann ihm das verübeln, werden ihm doch sämtliche zu prüfende Daten Tag für Tag wie selbstverständlich nonstop auf dem Tablett serviert und alles stets griff- und prüfbereit von den Frauen vor die Nase gehalten?

Früher hatten auch die Frauen noch einen Sinn für männliche und weibliche Anziehungskraft. Sie tanzten mit einem Mann und nahmen diskret seinen Körpergeruch wahr, der ihnen zusagte oder auch nicht. Dann schauten sie auf seine Hände und wußten, woran sie waren. Alles selbstverständlich mehr oder weniger unbewußt. Sie ließen seine Stimme in sich eindringen und hörten auf ihre innere ganzheitliche Reaktion. Und sie konnten mit ihren weiblichen Reizen viel diskreter, dafür um so treffsicherer und subtiler den Mann um ihren Finger wickeln; jedoch eher in privater Atmosphäre als im Arbeitsplatz, wo sie heute durch die von ihnen angezettelte Konzentrationsstörung des Mannes einen echten volkswirtschaftlichen Schaden anrichten dürften.

Heute stehen die Frauen – im Blick auf die einseitige Beurteilung des sexuellen Marktwertes gegengeschlechtlicher Geschöpfe der Natur – auch hier dem Mann in nichts mehr nach. Wie Jägerinnen sind sie hinter ihrer Beute her. In kleinen Gruppen versammelt oder auch allein, inspizieren sie mit Argusaugen die männliche Spezies von weitem und von nahem. Daß sie hierin nicht immer sehr rücksichtsvoll vorgehen, das dürften Frauen unter sich sehr wohl wissen. Wenn sie dann gemeinsam Lachkrämpfe erleben, wird sichtbar, wie lustvoll die Demontage männlicher Eitelkeit von der Frau betrieben wird. Aus der Ferne noch ganz passabel, erscheint der Mann der Frau als ein begehrenswertes Objekt, dem es sich anzunähern lohnt. Frau tritt also in seine Nähe und läßt nicht etwa wie zu Beginn des Jahrhunderts noch diskret ein Taschentuch fallen. Sie spricht ihn ganz direkt an. So bleibt auch das dem modernen Mann erspart, womit seine Eroberungsenergien weiterhin brachliegen, verkümmern oder im Alkohol ersäuft werden. Was den echten Mann vielleicht vorsichtig machen wird, das wird dem durch die Umstände eroberungserschlafften Mann mitunter sogar gefallen. Dem Eros aber hat – auf diesem Niveau – endgültig das Stündchen geschlagen.

8. Die Weigerung der Frau, sich in den Mann einzufühlen

Zum beliebtesten Forschungsobjekt der Frau geworden, ist der Mann unter Frauen ein vielgefragter Gesprächsgegenstand. In Kaffeehäusern, im Fitnessclub, beim Frisör, bei der Kosmetikerin, der Freundin, nicht zuletzt bei der Schwiegermutter: Chronisch beschäftigen sich Frauen mit dem Thema Mann. Was Kinder früher einmal waren, ist heute der Mann: die »Lieblingsbeschäftigung« der Frau. Und: Je mehr er sich entzieht, um so mehr wird er analysiert. Die Rezepte für dieses Unterfangen findet man allerorts in den prall gefüllten Buchhandlungsetagen über Psycholiteratur für Frauen. In der ganzen Palette von »Der neue Mann« bis zum drohenden Buchtitel »Ohne uns seid Ihr gar nichts« ist mittlerweile alles, was das leidende Frauenherz erleichtert, auf dem Markt, und wird das weibliche Begehren erfolgreich abgedeckt. Allerdings: Die Themen wiederholen sich, und einem aufmerksamen Leser wird es dabei schnell langweilig. Die wirklich interessanten Bücher aber – nicht von Frauen, sondern von Männern über Männer geschrieben –, die Frauen über das Wesen männlicher Identität aufklären könnten, sind bei Frauen ganz und gar unbeliebt – obwohl sie eine echte Lebenshilfe in Sachen Partnerschaftsprobleme und Einfühlung in das andere Geschlecht bieten.

Obwohl sich viele Frauen gerne damit brüsten, alles und jedes verstehen zu können, und sich eifrig massenweise mit psychologischer Literatur eindecken, wollen sie mit dem vielen Lesen oft nur Wasser auf die eigenen Mühlen gießen. Das Informationsdefizit bezüglich des unterschiedlichen Funktionierens der männlichen Psyche ist auch ein Jahrhundert nach der Entdeckung der Psychoanalyse noch eklatant, bei Männern wie bei Frauen. Es sieht ganz so aus, als hätten Frauen noch nie etwas über die Eigenschaften eines Mannes gehört, über seine Veranlagung, seine Triebstärke, seine unterschiedliche Hormonproduktion, seine sexuelle Erregbarkeit, seine Identität als Einzel- und als Sozialwesen, seine psychische Entwicklung, seine geschlechtsspezifischen Ängste, seine Stärken und Schwächen etc. Erklärt man einer Frau, daß ein Mann anders denkt und fühlt, kommt eine Welle der Entrüstung und Geringschätzung. Und sogleich ist man aus der Reihe der feministisch denkenden Frauen, die den Mann gerade nicht mehr »verstehen« wollen – in der falschen Meinung, sie hätten es viel zu lange getan –, ausgeschlossen.

Apropos Dankbarkeit: Die Frau nimmt alles für selbstverständlich, was sie dem Mann zu verdanken hat: den Staubsauger, die Spülmaschine, den Haarfön, die Schreibmaschine, den Computer, die Antibabypille, das Auto, das Flugzeug, die neuen ökologischen Techniken etc. All diese Lebens- und Alltagshilfen, die der Frau heute eine Erwerbstätigkeit und auch ein sorgloseres, freieres Leben ermöglichen, hat sie den Männern zu verdanken. In den Augen der Frauen kleine Nebensächlichkeiten, die nicht erwähnens- oder bedenkenswert sind. Die Frau kann zwar besser autofahren als der Mann. Ein Auto erfinden würde sie aber nie. Für solche Erfindungen fehlt ihr der männliche Funke. Gerne sieht sie immer nur das, was dem Mann, nicht aber ihr selbst fehlt. Und worin sie deshalb auf die Männer angewiesen ist.

Im Zeitalter des Patriarchats, das heute immer noch heraufbeschworen wird – obwohl es bereits mehr feminisierte Männer als Patriarchen gibt –, besteht keine Notwendigkeit zu universalem Mitgefühl und gegenseitigem Verstehen der Geschlechter. Für die Frau kommt es lediglich darauf an, sich aus dem Netz der rohen Natur des Mannes zu befreien und einer Ideologie absoluter Gleichheit zu huldigen. Da haben reale Differenzen keinen Platz. Man nimmt sie einfach nicht zur Kenntnis. Das Fatale daran ist aber, daß die Frau den Mann als solchen aus den Augen verliert, ihn in seiner »einzigartigen« und von ihr unterschiedenen Struktur nicht wahrnimmt und deshalb auch nicht versteht. Die vielgepriesene Fähigkeit der Frau, sich in Menschen einzufühlen, ist eine der weiblichen Eigenschaften mehr, die wir der Heroisierung der Frau zu verdanken haben. Und selbst die Männer glauben bis jetzt noch daran, daß nur eine Frau sie wirklich versteht, derweil sie Zuhören mit Einfühlung verwechseln.

Was sich aber heute feststellen läßt, sind eher eine schwindende Identifikationskapazität der Frau mit dem Mann und ein Schrumpfen weiblicher Einfühlungsfähigkeit und Akzeptanz dem Mann und dem Jungen gegenüber, als andersartigen Geschlechtswesen mit einer anders funktionierenden Psyche. Die biologischen Unterschiede lassen sich nicht leugnen, auch nicht ihre Auswirkungen auf Charakterbildung, Psyche, Verhalten etc.

In jeder Hinsicht gilt offenbar auch hier: Je mehr Frauenmacht, desto besser, je mehr Einfühlung in den Mann, desto größer der Verlust an Macht der Frau. Die Abkehr vom Mann gilt als unabdingbare Voraussetzung für die vermeintliche Selbstverwirklichung der Frau. Als ob alles immer noch vom Mann abhängig wäre und Frauen nicht in Selbstverantwortung denken und handeln könnten. Nach *Ken Wilber* besteht der Homogenisierungsanspruch des Feminismus aus dem Imperativ, dieses »Einerlei« so vielen Frauen wie möglich aufzudrängen, getreu nach dem Slogan: »Es lebt die Frau nur, wenn der Mann abgedrückt, unterdrückt oder verkleinert wird, weil er sonst nichts anderes als die Unterdrückung der Frau im Sinn hat.« Im Streben nach diesem »Monoglück« *(Wilber)*, das nur erreicht werden kann, wenn der Mann sich verändert, verlor die Frau den Mann aus den Augen, nicht zuletzt aber auch sich selbst. So hat der »Flachlandfeminismus« *(Wilber)* einiges verdorben. Leider ist er auch heute noch gleichermaßen an der Verwüstung der weiblichen und der männlichen Welt beteiligt, wobei er erstere zu retten vorgibt.

Psychoanalytisch gesprochen ließe sich sagen, daß eine Regression in eine infantil-egozentrische Haltung stattgefunden hat. Eine Art Rückwärtsbewegung, die – indem Bindungen zerstört statt hergestellt werden – eher dem Todestrieb als dem Eros (Lebenstrieb) Tür und Tor öffnet und für weitere Zerstörungen beider Geschlechtsbilder und -identitäten sorgt.

Die Voraussetzung für die Fähigkeit zur Einfühlung ist die Unterscheidung zwischen einem Ich und einem Du. Ein kleines Kind unter zwei Jahren kann sich noch nicht in andere einfühlen. Es sieht alles aus seinem Blickwinkel, weil es noch ganz in seiner eigenen »egozentrischen« Welt gefangen ist. Wie Jean Piaget sagen würde, kann es die kognitive Operation einer Dezentrierung noch nicht vollziehen bzw. einen mentalen Weg vom eigenen Ich zu einem anderen Standpunkt herstellen und wieder zurück, dies mehrmals hintereinander in verschiedenen Aspekten.

Die Einfühlung in andere ist eine Fähigkeit, die den Menschen auszeichnet. Tiere können sich nicht einfühlen, mit Ausnahme der Schimpansen, die eine große Ausnahme in der Tierwelt darstellen, weil sie die Entwicklungsstufe eines vierjährigen Kindes erreichen. Der Schimpanse kann sich selbst im Spiegel erkennen und die Trennung von Innen und Außen,

Ich und Du vollziehen. Diese Ich-Du-Unterscheidung ist aber nicht nur die Voraussetzung für die Fähigkeit der Einfühlung. Sie ist erstaunlicherweise auch die Voraussetzung für den Sadismus. Gezielte Aggression ist nur durch Menschen möglich, die die Schwächen und Stärken des anderen Menschen kennen. Andernfalls kann nur die Rede von hilflosen Wutanfällen oder verzweifelten Selbstrettungstaten sein. So ist nur der Mensch sadistisch und bösartig, das Tier nicht.

Das Wesen der Empathie oder die Kunst der Einfühlung bestehen gerade in der Überwindung der Polarität, d. h. in der Suche nach dem Anderen, dem Latenten, Dahinterliegenden, Verborgenen, Unsichtbaren im Anderen. Es ist ein kreativer Akt der Vereinigung von Sein und Nichtsein, von Gesehenem und Nichtgesehenem. Kein geringerer als Sigmund Freud hat das in genialer Weise bezeugt: Dem Bewußten hat er ein Unbewußtes gegenübergestellt. Die Vereinigung dieser Polarität war sein Lebenswerk.

9. Es geht auch ohne Mann: vom weiblichen Allmachtswahn und weiblicher Pseudoautonomie

Frau muß sich von alten »Zwängen« befreien. Sie hat sich zu beweisen, daß sie unabhängig ist, autonom und frei. Auch muß sie das neu entdeckte spezifisch weibliche Element absoluter Stärke gegenüber dem Mann verkörpern. Jedes Zu- oder Eingeständnis, Einverständnis oder Liebesgeständnis der Frau wird als Unterwerfungsakt unter den Mann gesehen. So verwundert es nicht, daß Frauen für ihre Liebe keine Sprache mehr haben. Mehr als die Liebe ist der Liebesentzug in der ehelichen Kriegsführung an der Tagesordnung. Diese Strategie funktioniert nicht nur bei Kindern. Sie hat sich auch bei Ehemännern und Geliebten gut bewährt.

Unterdessen aber sind viele Frauen schon lange nicht mehr mit den psychologischen Mitteln ehelicher Kriegsführung beschäftigt, da sie aufgrund des hoffnungslosen Zustandes ihres ehemaligen Geliebten den Bettel hingeworfen und die Scheidung eingereicht haben. Oft zu Unrecht und zum Unheil der Kinder. Frauen sind heute nicht mehr bereit, Konflikte gemeinsam mit dem Mann zu lösen oder unangenehme Gefühle vorübergehend auszuhalten. Die Frustrationstoleranz ist in der Regel nicht gut entwickelt. Frau läßt die Zügel schießen, entledigt sich des Bösewichts und meint, jetzt werde alles besser – derweil sie oft nur vom Regen in die Traufe kommt. Denn auch den nächsten Mann wird sie nicht nach ihren Maßstäben verändern können: Die Enttäuschung ist vorprogrammiert. Notabene: Die Mehrheit der Scheidungen wird heute von Frauen beantragt, nicht von Männern. Auf die Kinder, die ein solches Trauma nie ganz verkraften können, wird nur selten Rücksicht genommen.

Indes ist die Frau überzeugter denn je, daß sie alles sehr gut ohne Mann erledigen kann: Geld verdienen, Kinder allein erziehen, ihre Freizeit organisieren, ihren Freundeskreis pflegen etc. Von den Männern immerzu enttäuscht, von den Umerziehungsstrategien erschöpft, wenden sich Frauen von den Männern ab und tanken im Alleingang auf. Seither soll es ihnen prima gehen, behaupten sie. Alles geht heute ohne Mann. Welch befreiendes Gefühl und welch ungeheure Bestätigung des eigenen Selbstwertes. Die vielen Energien, die Frau zuvor für den Mann und dessen angestrebte Veränderung benötigte, kann sie nun endlich für sich allein aufwenden.

Selbst die Werbung hat diesen Trend des Alleingangs ohne Mann und Vater für sich entdeckt: Man wirbt für einen neuen lokalen Fernsehsender. Wie? Man nimmt einen kleinen Jungen und läßt ihn ein fröhliches Sprüchlein rezitieren: »Im September kann ich endlich fernsehen, ohne daß mein Papi darin vorkommt.« Eine gutgemeinte Glosse oder witzige Anspielung? Vielleicht. Dennoch trägt auch dies ein Körnchen Wahrheit in sich. Es verrät etwas vom allgemeinen gesellschaftlichen Trend: daß Söhne von den Müttern darin unterstützt werden, die Väter in Gedanken wegzudenken, wenn sie nicht schon wirklich gegangen sind. Aber wenn es darum geht, die Kinder am Sonntagnachmittag in den Zoo zu führen oder die Mutter für ein Wochenende in Paris mit ihrem neuen Freund zu entlasten, bekommt der Vater alleweil eine Chance und vielleicht sogar ein kurzes Gastrecht. Sonst aber hat er nicht mehr allzu viel zu berichten.

»Nie mehr«, sagt Doris, »nie mehr werde ich für meinen Mann Abendessen machen.« Doris ist 46 Jahre alt, seit ein paar Jahren geschieden; die Kinder sind ausgeflogen. Doris hat seit fünf Jahren wieder eine Ganztagsstelle in einem Frisörsalon. Früher hatte sie stundenweise im Salon eines befreundeten Ehepaares ausgeholfen und sich ein bescheidenes Taschengeld hinzuverdient. Ihr Mann war zwar großzügig, aber es tat ihr gut, selbstverdientes Geld zu haben. Wie so viele Frauen in ihrem Alter ist sie überzeugt davon, daß sie zuviel für die Familie getan hat, von Mann und Kindern reichlich für ihre Versorgungsbedürfnisse ausgenützt wurde und daß sie in vielem zu kurz gekommen ist. Ihr Drang nach Freiheit und Unabhängigkeit ist deshalb stetig gewachsen. Jetzt hat sie ihr gesamtes Leben umgekrempelt. Sie arbeitet an vier Tagen in der Woche, treibt Sport und liest Frauenbücher: »Wie behaupte ich mich als Frau?« Wie neugeboren fühlt sich Doris in der neubezogenen kleinen Wohnung? Die Sehnsucht nach der vertrauten Beziehung zu ihrem Mann überkommt sie bisweilen. Doris aber bleibt tapfer und ruft ihn nicht an. Fest davon überzeugt, daß er sie ohnehin nicht verstehen würde. Letztes Jahr ist Doris einer politischen Partei beigetreten. An ihrem neuen Frauenstammtisch ist nur von Männern die Rede: Männer nicht als Compagnon, Freund oder Partner, sondern als Gegner weiblicher Autonomie und Emanzipation. »Diene nie mehr einem Mann« ist der neue Slogan, »auch nicht aus Liebe«. Für den Mann etwas Liebevolles tun gehört nicht mehr in das weite Aktivitätsspektrum einer Frau, sondern ist beinahe schon ein Grund weiblicher Beschämung geworden.

Doris ist eine der vielen Frauen, die mit ihren Gefühlen vordergründig gut zurechtkommen. Nach außen sieht alles nach perfektem emanzipatorischem Frauenglück aus: Neue Beziehungen, neue Freiheiten, keine Abhängigkeit vom Ehemann, genug Geld für Freizeit und Ferien, keine Einschränkungen mehr. Sieht man aber genauer hin, so läßt sich feststellen, daß Doris ihre Gefühle nicht ernst nimmt. Sie hat Sehnsucht nach ihrem Mann. Sie unternimmt jedoch nichts. Schließlich hat sie sich fest vorgenommen, sich selbst treu zu bleiben und keine Kompromisse mehr einzugehen. So ist Doris ein Opfer selbstgeschaffener Zwänge geworden. Aus lauter »Emanzipationswunschdenken« heraus setzt sich Doris Grenzen, die einen Großteil ihrer Gefühle außer acht lassen. Der Satz »Nie werde ich meinem Mann . . .« zeigt den apodiktischen Charakter des Vorhabens und weist auf eine neue Form von Geboten hin, die sich moderne Frauen heute auferlegen in der vermeintlichen Überzeugung, sie blieben sich dadurch als Frau treu, und vor allem in der Meinung, sie müßten sich abgrenzen und vom Mann befreien, um emanzipiert zu sein, koste es, was es wolle.

Derlei aus neuen öffentlichen Meinungen – sprich der Frauenbewegung – erwachsene Zwänge gibt es heute viele. Es wurde ein Frauenbild geschaffen, das leitbildartig für die große Masse der Frauen gelten soll. Diese Frauenleitbilder wollen richtungweisend sein und Frau helfen, durch den Dschungel der Überreste patriarchaler Strukturen hindurch einen Weg zu ebnen. Sie tun es indes nicht. In diesem neuen Frauenbild sind neue Werte enthalten, neue Einteilungen von Gut und Böse. Man kann sogar sagen, daß ein neuer Frauenehren- und Moralkodex feministischer Natur – verbreitet über die öffentliche Meinung und deshalb sehr beständig – entstanden ist. Neben ein paar wenigen echten emanzipatorischen gibt es darin leider vorwiegend nur frauenfeindliche Anteile. Was aber will die Frau wirklich? Weiß sie selbst, wonach sie strebt? Ist es ihr in der Multiverwirklichungs- und Erlebnisgesellschaft wirklich wohl? Liegt ihr in der Tat so viel daran, ein Leben wie der Mann zu führen, auf der Karriereleiter immer weiter nach oben zu gelangen, in alle männlichen Domänen vorzudringen und es ihm gleichzutun? Entsprechen die Bedingungen einer männlich orientierten Welt der Frau überhaupt? Und was bringt ein Rollentausch mit dem Mann für die Frau mit sich? Die Affirmation der Gleichheit in der Rechtsprechung, in der sozialen und Arbeitswelt war nützlich, weil die Frau in Sektoren vorgedrungen ist, wo sie vorher abwesend war, und so ihren positiven femininen Einfluß geltend machen konnte. Aber den Kampf der Geschlechter über ein Postulat von absoluter Gleichheit austragen zu wollen, hieße nur, die Unterschiede zwischen Mann und Frau zu leugnen und einen erneuten Geschlechterkampf zu provozieren, in dem diese Unterschiede wiederum ausufern. Ein solcher Kampf ist bereits im Gang, wenn auch noch stumm und schwelend. Und es hieße auch, der Frau ein Gleichheitsdiktat aufzuzwingen, das ihrer Natur in keiner Weise entspricht.

Generelle Unterschiede zwischen Mann und Frau über einen mentalen »Tour de force« leugnen zu wollen und demzufolge in einer vorwiegend männlich orientierten Gesellschaftsordnung eine Maskulinisierung der Frauen anzustreben, kann nur dazu führen, die Malaise in unserer Zivilisation noch mehr zu verstärken. Leider ist die moderne Frau seit einiger Zeit dabei, sich in der erstrebten Vermaskulinisierung stetig »weiterzuentwickeln«, und der Mann ist dabei, seine Männlichkeit immer mehr zu verlieren. So entfremden sich beide Geschlechter von ihrer eigenen Identität wie voneinander.

10. Die vermännlichte Frau

Selbstverständlich kann die Frau heute alles: was ein Mann kann, erst recht. Andernfalls wird sie sich schleunigst bemühen, aufzutreten und zu argumentieren wie ein Mann. Sie wird Nachhilfestunden nehmen, um ihren Männlichkeitsnachholbedarf aufzustocken. Sie liest Bücher über Frau und Macht, über männliche Durchsetzungskraft und aggressive Selbstbehauptung. Frau orientiert sich heute am Mann, nicht an der Frau. Unterschiede werden ausradiert. Je egalitärer, desto besser. Und da Männer angeblich mehr Chancen haben, sich im Leben in ihrem »Selbst« zu »verwirklichen« – was übersetzt oft nur mehr Geldverdienen heißt –, muß Frau ihnen genau auf die Finger schauen, um sich das gleich große Stück Kuchen auf dem Arbeitsmarkt zu ergattern. Denn eins dürfte klar sein: Es geht nicht um die Aktivität als solche, es geht um den Marktwert, und es geht um den Wettbewerb mit dem Mann. Es geht nicht um die Verwirklichung von Idealen, auch nicht um das Erreichen einer besseren Welt. Es geht um Karriere.

Nichts mehr soll der Spezies Mann reserviert bleiben. So

spielt die moderne Frau heute Fußball, wird Schützenkönigin, fährt ihr schweres Motorrad und möchte sogar mitkämpfen an vorderster Front der Armee. Bald werden sich Ärzte finden, die den Frauen im Blick auf mehr aggressive »Power« Testosteron spritzen, damit die Frau sich in ihren östrogenreichen Lebensjahren von überflüssigen weichen Zügen befreien kann, die ihr den Kampf um das liebe Geld erschweren. Angeblich geht es der Frau nur um Anerkennung: Sie will zeigen, was sie kann und daß sie sich genau so gut wie ein Mann draußen in der Welt bewegt. Dann sitzt sie acht Stunden in einem stickigen Büro – derweil ihre Kinder bei der Tagesmutter sind – und kehrt gestreßt und erschöpft nach Hause zurück. Den Kindern ist ja mehr geholfen, wenn die Mutter mit sich selbst zufrieden ist, sagen die Leute. Der Streß wiegt die soziale Anerkennung bei weitem wieder auf. Sozial anerkannt ist man heute bekanntlich nur, wenn man eigenes Geld verdient. Auch diesem gesellschaftlichen Diktat haben die Frauen sich fraglos unterworfen. Wie brave Schäfchen in der Herde, unreflektiert und selbstbezugslos, marschieren Frauen heute mit, fraglos und tapfer bis zur Erschöpfung.

Ist Ihnen auch schon aufgefallen, daß moderne Frauen Angst haben, zu ihrer Geschlechtsrolle zu stehen? Daß sie sich genieren, ihre weiche und zärtliche Seite nach außen zu leben, daß sie ihre Mutterwonnen nicht mehr genießen können? Aus einer Position der Unsicherheit in ihrer Geschlechtsidentität strebt die Frau heute nach der Macht des Mannes, anstatt aus sich heraus zu leben und Macht in einem weiblich-genuinen Sinn auszuüben.

Frau erobert die Welt auf männlichen Pfaden. Und siehe da: Die Männer machen ihr immer öfter brav Platz. Und werden dabei immer braver und passiver. Schließlich will die Frau Macht. Daß Frauen bereits über sehr viel Macht verfügen, interessiert sie nicht: soziale Macht, Wirkungsmacht, Klimatisierungsmacht, Bindungsmacht, sexuelle Macht, erotische Macht, Beziehungsmacht, Muttermacht etc. Das spielt keine Rolle, weil heute nur zählt, was sichtbar ist und einen Gegenwert in Geldform hat. So haben Kinder und alte Leute keine Stimme mehr, es sei denn, sie verfügten auch über Geldmacht. Im Klartext: Frauen streben heute Positionen an, die denen der Männer gleichen und die sich auszahlen, nicht solche, deren Macht viel direkter mit dem Leben verbunden ist. Frauen wollen also oft genug nur eine bestimmte, legitimierte Form der Macht, die oft gar keine ist, aber ihnen dennoch die Illusion verschafft, sie stünden mitten im Leben und würden sich weiterentwickeln. In der falschen Meinung, mit Kindern würden Frauen verdummen, langweilig und unattraktiv werden. Daß Kinder großartige emotionale Entwicklungsschübe der Eltern stimulieren, hat man offenbar vergessen.

Die Frau will also Macht, eigentlich eine völlig legitime Angelegenheit.

Die Frau soll sich in ihrem Leben all dessen bemächtigen können, worauf sie ein Recht hat und was ihrer weiblichen Machtausübung und Selbstverwirklichung nicht im Weg steht. Das aber wollen Frauen nicht. Sie wollen männlich sein. Daß sie das freilich nie werden können, das deprimiert sie am meisten. Sie akzeptieren ihr weibliches Geschlecht nicht, weil es ihnen biologische Grenzen auferlegt. Oder sie wollen beides sein: männlich und weiblich zugleich, ohne auf eines von beiden verzichten zu müssen.

In einem falschen Verständnis weiblicher Macht übernehmen Frauen heute unhinterfragt männliche Verhaltensmuster, in der Meinung, sie seien emanzipiert, unabhängig und frei. Das Gegenteil dürfte der Fall sein: eine Zunahme an Identifikationen, die mit den Anlagen und dem Wesen der Frau nur noch wenig gemeinsam haben und eine Maskulinisierung der Frau beinhalten.

Könnte die Frau sich auf weibliche Potenzen und echte weibliche Kreativität besinnen, müßte sie nicht den Umweg über männliche Formen der Machtausübung gehen und würde Energie für weibliche Ziele gewinnen. Jetzt arbeitet sie in der Tat gegen das eigene Geschlecht und entfremdet sich immer mehr von dem, was sie dem Mann an Fähigkeiten, Qualitäten etc. voraus hat. Sie müßte dann den Mann auch nicht dort bekämpfen, wo sie vermeintlich annimmt, er schränke ihre Entfaltungsmöglichkeiten ein, ohne zu vergessen, dem Mann in der Frauenfrage weiterhin wach, aber behutsam und selbstbewußt auf die Finger zu schauen.

11. Geschlechterannäherung oder Geschlechtsdiffusion?

Bisweilen fällt es einem heutzutage schwer, Frau von Mann zu unterscheiden. Es sei denn, man hat das Glück, die sekundären Geschlechtsmerkmale eindeutig identifizieren zu können, im Hochsommer oder in der Sauna. Immer öfter wird man in seiner Wahrnehmung in die Irre geführt. Männer tragen Ohrringe, Ketten, lange Haare, neuerdings auch Röcke. Wie soll man sich da zurechtfinden? Wahrnehmungssensible Menschen dürften in dieser Zeit an sich selbst zu zweifeln beginnen, derweil es nur die äußere Realität ist, die ihrer Wahrnehmung immer wieder ein Schnippchen schlägt.

Sitzt man hinter einem Paar in der Straßenbahn, und meint, die Frau sitze rechts und der Mann links, weil beide lange Haare tragen und die linke Person die rechte umarmt und küßt, so wird man beim Aussteigen eines Besseren belehrt: Rechts saß der Mann und links die Frau. Der Busenansatz der einen und die flache Brust der anderen Person bringen wieder Ordnung in unser Denken. Das untrügliche Zeichen für männlich und weiblich ist perzipiert, und man kann getrost wieder zur Tagesordnung übergehen.

Wer hätte gedacht, daß die viel beklagte ungesunde Extremtrennung der Geschlechterrollen in ein solches Durcheinander führen würde? Es gibt noch mehr kuriose Phänomene: Nicht mehr das Komplementäre im anderen Geschlecht wird gesucht – was der gesunde Menschenverstand eigentlich gebieten würde – nein, das eigene Geschlecht im anderen. Viele Menschen lassen heute eine Tendenz feststellen, nach der Mann oder Frau den eigenen Mangel auf das andere Geschlecht projiziert und diesen Mangel dort auch einfordert. So suchen immer mehr Frauen bewußt oder unbewußt vorwiegend das Weibliche im Mann, statt neben weiblichen Zügen im Mann vor allem das Männliche in ihm zu suchen. So versucht die Frau etwa, ihren Mann in die Psychologie hineinzuholen, ihn in endlose Gespräche über Gefühlszustände und schwierige menschliche Beziehungen zu verwickeln, was für den Mann eher eine Qual denn eine Chance ist.

Ob Sie es glauben oder nicht: Der Mann sucht heute oft auch das Männliche in der Frau und tut sich immer schwerer mit echter Weiblichkeit. Besonders bei jüngeren Männern kann man so etwas beobachten. Gewisse junge Männer sind derart »erfolgreich feminisiert« worden, daß sie es etwa gar nicht begrüßen, wenn ihre junge Frau mit dem Gedanken spielt, ihren Beruf für ein paar Jahre an den Nagel zu hängen, um sich in aller Weiblichkeit und mit Genuß den zärtlichen Freuden des Zusammenseins mit einem Baby hinzugeben. Der Mann fühlt sich bedroht, wenn sich seine erfolgreiche und intelligente junge Frau nicht ununterbrochen von etwaigen Berufserfolgen beseelen läßt und statt dessen solch »regressive« Träumereien mit dem Baby pflegt. Wo es doch heutzutage so viele moderne Kinderkrippen gibt. Der moderne junge Mann strebt die ökonomische Mitverantwortung der Frau an. Verängstigt und verunsichert glaubt er, die Verantwortung nicht mehr für ein paar Jahre allein tragen zu können. Außerdem befürchtet er, daß die Schauermärchen der Feministinnen sich bewahrheiten könnten: der Mythos, nach dem das Zuhausebleiben für die Psyche der Frau in jedem Fall großen Schaden bedeutet. Um die Sache des Kindes scheint es hier kaum noch zu gehen.

12. Vom Ende der Erotik

Die Frauenbewegung hat sich für die sexuelle Befreiung der Frau eingesetzt. Indes dürfte sich – trotz häufigem Partnerwechsel und Partnerkonsum – an der weiblichen Lust und ihrem erotisch-sexuellen Genuß auch in den neunziger Jahren nicht viel geändert haben: Immer noch klagen die Frauen über zu wenig Orgasmen, beklagen sich über Männer, die sich sexuell nicht auskennen, zu wenig oder zu viel Vorspiel bieten, nicht romantisch sind, zu lange oder zu kurz koitieren. Auch hier sind die Frauen ungeduldig. Sie lassen den Männern keine Übungszeit. Männer sollen alles sofort und erstklassig beherrschen: Küssen auf Französisch, Tango auf Argentinisch, fernöstliche Entspannungsmassage und Kamasutra à l'indienne. Daß mit den Frauen selbst und ihrer Hingabefähigkeit an den Mann etwas nicht stimmen könnte, das kommt vielen ganz zuletzt erst – wenn überhaupt – in den Sinn.

Der Kern weiblichen Unbefriedigtseins aber, an dem die meisten Frauen leiden, ohne es zu wissen, liegt in der jahrzehntelangen Einschüchterung der männlichen Spezies und deren Folgen: die zunehmende erotische Passivität des Mannes in Worten und Taten. Kein Wunder, denn unsere Männer dürfen fast nichts mehr. Schon ein diskret unauffälliger, aber anhaltender Blick bedeutet eine Verletzung der Frauenehre. Männer sehen das auf sich zukommen, was in den USA bereits zum Alltag gehört: Ein fünfjähriger Junge ließ sich in kindlicher Unschuld und Liebe hinreißen, ein reizendes kleines Mädchen zu küssen. Dafür bekam er eine Strafanzeige ins Haus geschickt. »Wehret den Anfängen«, heißt es unter Frauen. Rechtzeitig muß man den dreisten Jungen beibringen, daß sie ihre Gefühle dem weiblichen Wesen gegenüber im Zaum zu halten haben. Eine verheerende Entwicklung, die jungen Männern jeglichen Elan nimmt und den Frauen das Unglück bringt, daß Männer auch dann nicht mehr zugreifen werden oder können, wenn Frau es sich noch so sehnlichst wünscht. Passivität der Männer auf der einen, sexuelle Verführungswaffen der Frauen weiterhin auf der anderen Seite.

Frauen scheinen oft keine Ahnung von weiblicher und männlicher Sexualität zu haben. Auch in unserem sogenannten »aufgeklärten« Jahrhundert läßt der Umgang mit den elementarsten menschlich-sexuellen Regungen noch viel zu wünschen übrig. Stellen wir etwa folgende Fragen: Was macht einen Mann für eine Frau erotisch? Was regt sie an?

Nicht zuletzt ist es – unter vielen anderen Dingen – die Bestimmtheit im Blick, in Gestik, Wort und Tat, die den Mann für die Frau männlich macht. Mit Machotum hat das gar nichts zu tun. Bestimmtheit ist nicht Sturheit. Und auch nicht Beherrschung der Frau. Aber Festigkeit, mit einer Portion männlichen Charmes und Flexibilität gepaart – so behaupte ich –, ist für die Frau das erotische Entree und oft die Voraussetzung für eine erste innere erotisch-sexuelle Bewegung bei ihr.

Es gibt Frauen, die behaupten, sie hätten gerne »Machos«

als Männer. Damit rufen sie ein großartiges Entsetzen bei anderen Frauen hervor. Diese Frauen werden immer mißverstanden. »Macho« ist ein Schimpfwort für bestimmte männliche Gattungen. Daß diese Bezeichnung so etwa das Schlimmste ist, was einem Mann in unseren Breitengraden passieren kann, ist klar. Solche Frauen wollen aber etwas zum Ausdruck bringen, was ihnen fehlt und wozu ihnen leider kein besseres Wort einfällt. Ich nehme an, es sind Männer gemeint, die sich ohne allzu starke Hemmungen und Ängste einer Frau annähern, mit Respekt selbstverständlich. Das stille Einverständnis der Frau sollte genügen und nicht das Warten auf das Jawort. Die Frau will von ihrer Ambivalenz entlastet werden. Auch das ist lustvoll für sie. Dann möchte sie »nein« sagen können, wenn sie für sich entscheidet, daß es jetzt nicht der richtige Moment ist. Das Nein ist wichtig für die Frau, ohne »Liebesantrag« aber bleibt ihr nicht einmal mehr das.

Ein Mann, der ein gewisses Draufgängertum – was nicht heißt Polygamie – in seine Sexualität integriert hat, der kann die Sprache der Erotik besser verstehen als ein braver, zielgehemmter und eingeschüchterter Mann, der erst auf eine Frau reagiert, wenn sie ihn dreimal darum gebeten hat. Daß wir heute bald so weit sind, ist nicht verwunderlich. Die Angst der Männer vor der Verachtung durch die Frau hat einen historisch noch nicht dagewesenen höchsten Pegelstand erreicht. Es ist fünf Minuten vor zwölf. Das Alarmzeichen der geringeren Samenqualität und Spermienzahl als Ausdruck männlichen Stresses spricht für sich. Bald ziehen sich nicht nur die Spermien zurück, bald wird es auch keine Männer mehr geben.

Will der Mann sich der Frau erotisch annähern, muß er sein Ziel kennen und anpeilen. Das ist ein Gesetz der Natur, nicht mehr und nicht weniger. Es genügt daher nicht, herumzuschwadronieren und irgend etwas gelegentlich fallen zu lassen.

Es braucht das Kalkül. Sich nicht beirren lassen durch weibliche Unsicherheiten und Ambivalenzen gehört auch dazu. Nun ist die Frau aber schon lange dabei, sich den Mann selbst zu erobern. Nur für kurze Zeit natürlich als angenehme Abwechslung sozusagen. Damit sie auch hier auf keinen Fall diejenige ist, die wartet.

Die Gene einer Frau wollen keine Schwächlinge als Erzeuger ihrer Frucht. Sie sind auf der Suche nach Potenz. Natürlich kann ein kniender Jüngling voller Demut ab und zu reizvoll sein, auf die Dauer aber dürfte er kaum gute Chancen bei ihr haben. Leider bekommen auch »starke« Männer von den Frauen kaum noch eine Chance, sich ihr männlich anzunähern und weiblich empfangen zu werden.

Weil die Frauenbewegung in großer Zahl von lesbischen Frauen getragen wurde, sind die genannten Erlebnisdimensionen leider unter den Tisch gefallen. So ist denn etwa kaum mehr bekannt, daß die Fähigkeit zur passiv erlebten Lust eine der größten weiblichen Lustquellen und weiblich-orgastischer Potenz ist. So geht die Frau in ihrer Sehnsucht nach passiver Befriedigung wiederum leer aus. Mit passiver Befriedigung ist die Hingabe an einen Mann gemeint, der mit bestimmtem und klarem Gestus die Frau nicht vergewaltigt, sie aber dennoch in die Höhen weiblicher Lust aktiv hinüberführt. Davon träumen so viele Frauen, und kaum eine spricht darüber. Eine gesunde Sexualentwicklung hat zum Ziel, daß die weiblichen Wünsche nach passiver Befriedigung zugelassen werden dürfen. Erst dann kann auch eine der Frau angemessene Orgasmusintensität erreicht werden. Viele Frauen kommen leider ihr Leben lang nicht dazu. Dies mag innere Gründe bei der Frau selbst haben. Das Defizit auf der Männerseite aber, die Verunsicherung heutiger Männer, ist bereits so weit fortgeschritten, daß sie ihre Bewegungen zögerlich und ängstlich ausführen und die »starke Hand« einfach nicht mehr haben, die es für die Sexualbemächtigung der Frau braucht: So kommt nicht nur der Mann zu kurz, die Frau kann auch nicht mehr in den Höhenflügen passiv erlebter Lust schwelgen. Auch das haben wir gewissen Auswüchsen der Frauenbewegung und ihren Angriffen auf die Männerwelt zu verdanken.

In unserer Abspaltungskultur ist es gelungen, den Eros von der Sexualität zu entfernen und die Sexualität vom Eros zu »befreien«. Beide haben heute kaum noch etwas miteinander zu tun, derweil wir dennoch von Erotik sprechen. Frau läßt nicht mehr nur ahnen, sondern zeigt, was sie hat. Auf Teufel komm raus trägt sie ihren Sexappeal im Schaufenster des Lebens. Sie betätigt sich auch immer mehr dort, wo man für wenig Geld ihren Körper bewundern kann, und findet das nicht abstoßend. Lust- und Sexzentren – angeblich nur der Männer wegen – sprießen wie Pilze aus dem feuchten Boden unserer sterbenden Herbstlandschaft. Sex wird heute zur normalen Dienstleistung der Frau an den Mann. Liebes-, oder besser, Sextechniken werden verbreitet und eingeübt, alles jenseits der Liebe. Man ist stolz, seine persönlichen Sexualpraktiken inklusive perverser Anteile bei »Schreinemakers« oder anderen munter auszupacken. Man fühlt sich gut, weil man in der Lage ist, mit dem Fortschritt unserer Zeit zu gehen. Heute weiß jedes Kind über sexuelle Praktiken Bescheid, und niemand fragt danach, ob das Kind ein Anrecht auf eine Schonzeit hat. So verschwindet jedes Geheimnis, wenn der Intimraum gleichzeitig öffentlicher Raum wird. Und der Eros verabschiedet sich still.

Daß bei all dem echte Erotik verlorengeht, scheint niemanden wirklich zu interessieren, und daß Erotik mit dem Eros zu tun hat, und der Eros mit der Liebe, gilt allenfalls noch für Sentimentale. Wenn ein Paar seine Liebe zelebriert, so hat das etwas Heiliges: ein geheimer Bereich, den das Paar für sich allein hat und der zu schützen ist. Der auch nicht in die Öffentlichkeit gehört, ansonsten er von seinem Zauber verliert. Junge Leute suchen heute den Zauber woanders und werden immer öfter sexuell abstinent. Daß viele unserer Männer bei so viel weiblicher Provokation und Exhibition im Alltag bereits immunisiert sind, ist auch nicht mehr neu.

Frauen verhalten sich in der Erotik männlich und wundern sich, wenn Männer sich entziehen. Durch das vermännlichte Gebaren der Frau gerade in sexuellen Angelegenheiten aber fehlt die Polarität der Geschlechter. Der weibliche Pol verschwindet, wenn beide sich dem männlichen Prinzip verschreiben. Wo keine polare Spannung mehr besteht, zeigen sich Übersättigungsphänomene. Da Liebe eine Wirtschaftsmacht geworden ist, werden immer heißere Sachen gefordert: immer perverser und immer weiter entfernt von der natürlichen Anziehung zwischen Mann und Frau. Denn Erotik beruht auf der Spannung zwischen den Geschlechtern, nicht auf Harmonie, sondern auf der Polarität der Gegensätze. Bald werden wir uns ins Altersheim begeben müssen, wenn wir noch etwas von der vielgepriesenen Erotik zu Gesicht bekommen wollen. Von den Alten müssen wir dann lernen, was es heißt, Mann und Frau zu sein, und was es bedeutet, den Sinnesrausch mit und in der Andersartigkeit zu erleben.

Die schwindende Lust auf Sex ist ein neuartiges Phänomen, das nicht nur unter jungen Leuten grassiert. Die um sich greifende sexuelle Abstinenz dürfte in der Geschichte des Abendlandes ein Novum sein. Viele junge Leute sind übersättigt von sexuellen Bildern, von Sex- und Pornodarstellungen, von der Überflutung mit platten sexuellen Anspielungen im Alltag. Sie sind auf der Suche nach etwas Geheimnisvollerem: nach etwas, das sie selbst entdecken können.

III.
Die grenzenlose Frau

1. Die verheimlichte Macht der Frau

Es gibt Dinge, die Frauen nicht oft genug beklagen können. Dazu gehören die scheinbar mangelnde Anteilnahme des Mannes an der Frau und dessen sogenannte Machtposition. Was immer auch damit gemeint ist, ist zweitrangig. Hauptsache, der Mann besitzt die Macht, damit man sie auch bei ihm bekämpfen kann. Nuancen sind in einem solchen weiblichen Anprangerungsdenken nicht vorgesehen. Was einmal vorprogrammiert ist, läßt sich aus den Köpfen der Frauen so schnell nicht mehr auslöschen. Und wer käme schon gegen diese einseitige Machtaufteilung in Richtung Mann in weiblichen Gedanken an, handelt es sich doch bei der Männermacht meist um sichtbare, bei der Frauenmacht oft aber um unsichtbare, aber nichtsdestoweniger wirksame Macht.

Hier zeigt sich denn auch die mangelnde Elastizität im Denken der Frau. Würde sie nämlich das eine und das andere, das Sowohl als Auch in ihren Gedankenradius aufnehmen, sähe der Tatbestand der Machtverteilung schon ganz anders aus. Diese geistige Eindimensionalität, dieses Entweder-oder-Denken der Frau aber läßt solche Machtverteilung auf ewig und alle Zeiten in Frauenköpfen weiterblühen. Männer schaffen das Geld an, und Frauen nennen das Macht. Männer besetzen hohe Positionen in der Wirtschaft, und Frauen denken, das sei ein reiner Genuß. Mann könne dort nach Lust und

Laune schalten und walten. Und Abhängigkeit sei für den Mann ein Fremdwort. Männer haben es so schön. Sie können sich draußen in der Welt herumbewegen, ein Blümlein da und dort zum Blühen bringen, eine Maschine in Gang setzen und dann die Lorbeeren der Gemeinschaft auf ihrem stolzen Haupt herumtragen, so daß es jeder sehen kann. Das glauben Frauen. Und sind sich ihrer Naivität gar nicht bewußt. Würden Frauen ihren Mann ausnahmsweise mal einen ganzen Tag lang zur Arbeit begleiten, müßten sie ihre vorgefaßten Meinungen wohl oder übel revidieren. Der Machtneid auf den Mann bekäme dann vielleicht endlich eine kleine Chance, die so notwendige Milderung zu erfahren.

Die selbstlosen Frauen aber, die haben keine Macht. Sie sind lediglich Opfer der Macht. Jetzt wollen sie sich endlich die Macht erkämpfen, die sie bis heute noch einseitig den Männern zuschreiben. Getreu dem Motto: Die Kirschen in Nachbars Garten sind immer köstlicher als die eigenen. Daß Frauen selbst unsagbar viel Macht besitzen, scheint sie irgendwie nicht zu interessieren. So als wäre weibliche Macht uninteressant und langweilig, nur weil sie auf dem eigenen Acker gewachsen ist. Nur das Andere, Fremde ist das Objekt weiblicher Begierde, nicht aber das schon Vorgefundene, Eigene. Warum das so ist? Wir wissen es nicht genau. Eines aber dürfte klar sein: Ein Mensch, der zu seiner Macht steht, ist für sein Leben verantwortlich. Als Opfer der Macht anderer ist man nicht Täter. Man läuft nicht Gefahr, einer autonomen Entscheidung fähig zu sein. Ein weiteres steht ebenso fest: Es handelt sich hier um eine »Kinderposition«, um den Wunsch nach dem verlorenen Paradies früherer Zeiten.

In der »Kinderposition« einer Frau ohne Macht läßt sich die Verantwortung auf andere, auf die Männer, die Eltern oder die Gesellschaft abschieben. Was psychisch enorm entlastet, aber keinen echten Gewinn bringt. Denn die Macht muß dann auch immer wieder dort gesucht werden, wohin sie abgeschoben wurde. Was die Psychoanalytiker mit projektiver Abwehr und projektiver Identifizierung bezeichnen.

Frauen kehren selten vor der eigenen Tür. Sie wollen nur das, was Männer haben. Und setzen sich nicht wirklich für echte Frauenanliegen ein. Warum? Vielleicht weil sie intuitiv wissen, daß sie im weiblichen Feld schon sehr viel Macht haben und sich insgeheim vor der Verantwortung scheuen, die ihnen in Folge der Bewußtmachung dieser Macht nachgewiesen würde. Die Erscheinungsformen weiblicher Macht sind vielfältig. Um dennoch ein paar Rosinen herauszupicken, fangen wir bei der weiblichen Urmacht an. Ich lasse einen Mann zu Worte kommen, weil sich Frauen wohlverstanden in der Regel dazu nicht zu äußern wünschen. Kein geringerer als der Nobelpreisträger *Elias Canetti* hat sich mit den Fragen der Macht auseinandergesetzt:

»Die Macht der Mütter über das Kind in seinen frühen Stadien ist absolut. (. . .) Die Konzentration dieser Herrschaftsgelüste auf ein so kleines Gebilde gibt ihr ein Gefühl von Übermacht, das sich schwerlich durch ein anderes, normales Verhältnis unter Menschen überbieten läßt. (. . .) Für die Mutter vereinigt das Kind die Eigenschaft von Pflanze und Tier. Es gestattet ihr den Genuß von Hoheitsrechten, die der Mensch sonst getrennt ausübt: über Pflanzen, indem er sie zum Wachstum veranlaßt, so wie er sie haben will; über Tiere, die er gefangen hält und deren Bewegungen er kontrolliert. (. . .) Es gibt keine intensivere Form von Macht.« (Masse und Macht)

Die Herrschaftsgelüste, von denen Canetti spricht, werden von Frauen selbstverständlich empört zurückgewiesen. Tatsache aber ist, daß sie bereits in der Schwangerschaft beginnen. Was für ein Hochgefühl für die Frau, die ein lebendes Geschöpf in sich trägt. Was für eine Bestätigung ihrer Macht über Leben und Tod. Was für eine Herrschaft. Man müßte wohl »Frauschaft« sagen und träfe die Wahrheit besser. Gibt es eine größere Macht als diejenige über das Leben eines ungeborenen oder neugeborenen Kindes? Und wie oft wird diese Macht schon in der Schwangerschaft mißbraucht: durch Zigaretten, Alkohol und dergleichen mehr. Und: Läßt die Frau als Mutter ihren Säugling übermäßig lang schreien, oder stopft sie ihm bei jeder Gelegenheit sogleich ihre nährende Brust eifrig in den schreienden Säuglingsmund, so wird das Kind in beiden Fällen keine guten Entwicklungschancen auf dieser Welt haben.

Frauen wollen das nicht sehen. Sie wollen auch den Zustand höchsten Glücks- und Hochgefühls oft nicht zugeben, dessen Genuß sie der Schwangerschaft und Geburt verdanken. Eine grenzenlose narzistische Überlegenheit über den Mann zeigt sich dann, die Frauen heimlich genießen. Solche Macht – sei es nun Gefühlsmacht oder die ganz reale weibliche Macht über das Leben – darf aber auf keinen Fall in aller Konsequenz durchdacht werden. Das überläßt man dann wiederum lieber den Männern. Weil es bequemer ist. Auch wenn Frauen in Talkshow-Sendungen heute leider immer öfter die intimsten Empfindungen ihres Seelen- und Sexuallebens vor der Kamera auspacken und auch sonst gern ihre Sexualmacht offen ausspielen, so scheinen sie dennoch intuitiv genau zu wissen, wo sie die wirklich effizienten Formen weiblicher Machtausübung peinlichst genau geheim zu halten haben.

Macht läßt sich ohne Abhängigkeit der anderen Seite nicht denken, und Macht korreliert mit dem Ausmaß der Abhängigkeit derer, über die man Macht ausübt. Je abhängiger der eine Teil, desto größer ist die Macht des anderen Teils. Der Prototyp einer extremen Abhängigkeit ist, wie bereits erwähnt, die Situation des ungeborenen Kindes und des Säuglings. Die

Abhängigkeit des kleinen Kindes von seiner Mutter bleibt lange Zeit bestehen und ist auch durch keine andere Beziehung zu ersetzen. Der Vater kann sich um das Kind kümmern, auch die Großmutter, Tante oder Schwester. Nie aber wird das Kind sich so heimisch fühlen wie in den Armen seiner Mutter, mit deren Geruch, Stimme, Bewegungen etc. es bereits im Mutterleib vertraut war. Den Himmel auf Erden gibt es wirklich nur dort. Junge Väter, die auch gerne mal ihr Kind hüten möchten, können hiervon ein Lied singen. Das Kind hat zwar gerne Spaß mit dem Vater, aber die Mutter soll – in den Augen des Kindes – auf keinen Fall verschwinden. Die Mutter ist der »Fels«, auf dem wir stehen. Der Grundstein unserer Existenz und unseres Selbstgefühls wird hier gelegt. Nicht etwa in der Verwirklichung am Arbeitsplatz oder in der gesellschaftlichen Machtposition eines arrivierten Mannes oder einer erfolgreichen Karrierefrau. Hier entsteht und fällt die Welt, um es pointiert zu sagen. So hat die Frau Macht über den Mann, das Kind, die ganze Welt . . .

Diese ungeheure Macht will die Frau aber gar nicht mehr ausüben. Sie will nicht genuine Macht, sondern erworbene. Sie möchte zwar Kinder haben, weil das schließlich zu einem Frauenleben dazugehört. Sie könnte sonst auch etwas verpassen. Körper und Seele der Frau sollen sich zumindest in der Schwangerschaft verwirklichen können. In der Mutterschaft, dann aber kann Frau gerne auf diese Verwirklichung verzichten. Heute geht nichts mehr über den Beruf, die Selbstverwirklichung im Beruf, den man auch für ein Kind nicht bereit ist, für ein paar Jahre an den Nagel zu hängen. Und es geht heute auch nichts mehr über die klingende Münze, die ein Kind natürlich nicht erzeugen kann, es sei denn, man könnte Kinder wie in einem – allerdings noch zu schreibenden modernen Märchen – zu Goldeseln klonen.

Sobald das Kind dann da ist, sind auch schon alle Bestrebungen der Mutter an die Natur erfüllt. Man bringt das Kind in die Kinderkrippe oder zur Tagesmutter. Dort meint man es gut versorgt und schreitet frohen Mutes an die Arbeit. Sollten sich die bei der Frau oft »leider« so unvermeidlichen Schuldgefühle dennoch einstellen, so findet sie rasch Rat und Beruhigung bei einer Freundin, der es genauso ergeht. Diese meint dann »weise«, daß die Kinder nichts von einer Mutter hätten, die unzufrieden und »unterfordert« zu Hause herumsäße. Also macht man daraus logischerweise das »Beste für das Kind« und geht konsequenterweise zur externen Arbeit, um dem allgemeinen Frauentrend nach Selbstverwirklichung im Beruf möglichst treu nachzuleben.

Weitere Rosinen im Feld weiblicher Machtausübung: die ganze Palette der indirekten Macht, der privaten Macht, der Stimmungsmacht etc. Hier bringt die Frau ihr ganzes Wirken zum Erblühen, ohne daß man es sichtlich merkt. Es geht hier eben um unsichtbare Macht. Sie meinen, das seien nur die Mütter, die immer zu Hause sind? Keineswegs. Einer der Grundzüge weiblicher Wesensart ist die ganz besondere Fähigkeit der Frau, den Raum um sich herum zu klimatisieren. Was der Mann vielleicht auch kann, wenn er den weiblichen Anteil in sich gut entwickelt hat, darin aber niemals so effizient wie eine Frau sein kann, im positiven wie im negativen Sinn.

Wo der Mann sich auf die Erfindung von Klimageräten, Heizkörpern und Wärmepumpen beschränkt, ist die Frau schon längst dort gelandet, wo es zumindest nach Feierabend alle hinzieht: in die Atmosphäre menschlicher Umgebung. Hier temperiert und klimatisiert sie, intrigiert und harmonisiert sie je nachdem, wozu ihre »gute« Frauenseele sie aufruft. In Sekundenschnelle kann sie ein Gespräch durch eine Minibewegung ins Stocken bringen. Oder sie kann den Mann vollends aus der Fassung bringen, wenn sie es darauf abgezielt hat. In der Regel weiß die Frau unbewußt auch über diese ihre indirekte Macht über andere Menschen. Denn sie merkt selbst – wenn nicht beim ersten, dann spätestens beim zweiten Mal –, wie sie ihren Liebsten um den Finger wickeln kann. Und wie schnell sie ihn auch wieder beruhigen kann, wenn er mal ausufern sollte. Nur wenn sie das auch möchte, das versteht sich von selbst. Es soll ja Frauen geben, die den Streit um des Streites willen suchen und die Nähe nur auf diese Weise zu erleben in der Lage sind. Dann muß es eben zuerst richtig knallen. Oder die Frau braucht Schläge, bis sie unbewußt zufrieden ist, um sich dann in der anschließenden Versöhnungsszene in ihrem Opferstatus dem Malträtierenden in höchster Erregung lustvoll hinzugeben. Wie sonst ließe sich erklären, daß Frauen, die körperliche Gewalt von ihren Männern erfahren, immer wieder zu diesen zurückkehren? Sehr zur Verzweiflung eifriger Frauenrechtlerinnen natürlich, die dann auch wieder nur von männlicher Macht und Gewalt reden und nicht sehen wollen, in welcher Form diese Frauen ihre Männer solange provozieren – und dadurch eben Macht ausüben –, bis sie ihre unbewußt gewünschten »wohlverdienten« Schläge bekommen.

Selbstverständlich ist hier nicht die Rede von den Frauen, die von ihren Männern mißhandelt, entwertet und infantilisiert werden. Und auch nicht davon, man solle nicht gegen Gewaltanwendung jeglicher Art ankämpfen, sowohl von Männer- wie von Frauenseite. Aber eben nur in Anbetracht der wahren, nicht der von Frauen oft verschleierten Sachverhalte.

Es gäbe noch unendlich viele Formen weiblicher Machtausübung aufzuzählen, von der Sexualmacht bis hin zur Macht weiblicher Verweigerung jedwelcher Provenienz. Wenn Frauen nicht zu ihrer Macht stehen, schieben sie diese Tatsache zu ihrer Rechtfertigung auf das Verhalten des Mannes, von dem sie sich vordergründig so gerne abhängig machen. Und meinen, Männer hätten doch so große Angst vor der Macht der Frau. In »Rücksichtnahme« auf die Gefühle des Mannes gelte es, sich zurückzunehmen . . . Wie edel das tönt, de facto aber nichts anderes bedeutet, als sich zu verstecken.

Daß Männer Angst vor der Macht der Frau haben, sei an dieser Stelle nicht abgestritten. Männer haben allerdings auch ihre realen Gründe hierfür. Hinzu kommt, daß zu Beginn seines Lebens die größte vorstellbare Macht über den Mann von einer Frau ausgeübt wurde, was nicht ohne Spuren bleibt, bewußter oder unbewußter Art. Deshalb auch oft die sogenannte Ambivalenz des Mannes vor der »starken« Frau: Einerseits wünscht er sich eine selbstbewußte, eigenständige Frau, andererseits hat er Angst vor weiblicher Autonomie und selbstbestimmtem Auftreten. Wenn er nicht bereits in die mißliche Lage hineingetrieben und so geschwächt wurde, daß er sich bei einer starken Frau nur noch anlehnen kann.

Solche Tatsachen aber sollten den Frauen nicht Vorschub leisten, ihre reale weibliche Macht zu verheimlichen. Damit müssen wohl die Männer selbst umzugehen lernen. Und abgesehen davon: Wie sollen Männer lernen, weibliche Macht zu akzeptieren? Wenn Frauen selbst so viel Aufwand betreiben, ihre eigene Macht nicht wahrnehmen zu müssen? Wenn Frauen selbst ein Geheimnis aus ihrer Macht machen, weil sie etwa Angst vor der mit jeder Macht verbundenen Verantwortung oder gar vor weiblicher Rache haben? Wie sollen Männer weibliche Macht akzeptieren, wenn Frauen selbst dies nicht einmal tun? Geschweige denn, wenn sie immer nur von männlicher Machtausübung reden, und diese dann in pseudomännlicher Nachahmung selbst auch anstreben? Eine Lösung dieser Probleme wird es wohl noch lange nicht geben . . .

2. Frauenrivalität:
ein Minenfeld kaschierter Aggression

Daß Frauen nicht zu ihrer Macht stehen wollen, weil sie die Verantwortung abschieben möchten, genügt als Antwort nicht, das wäre zu einfach. Wir wollen uns an die komplizierte Frage heranwagen, warum Frauen – nach außen, also zugegebenermaßen – nicht gerne als machtvolle Wesen erkannt werden. Wenngleich sie es zweifellos sind und es auch wissen. Präziser noch: warum Frauen eher die sogenannte Männermacht anstreben, der Frauenmacht hingegen eher skeptisch und ablehnend gegenüberstehen.

Es darf nicht sein, daß Frau Macht hat. Allenfalls kokettiert sie damit, steht aber nicht ernsthaft dazu. Und es darf auch nicht sein, daß andere Frauen Macht ausüben. Es gibt nichts, was Frauen mehr in Erregung versetzte als die Tatsache, daß eine andere Frau Macht ausübt oder über mehr Macht verfügt als sie selbst. Beispielhaft seien hier nur die Sexualmacht erwähnt die Macht weiblicher Anziehungskraft kommt immer an erster Stelle, weibliche Wirkungsmacht, Klimatisierungsmacht, Führungsmacht, Geldmacht . . . – vor allem dann, wenn die betreffende Frau in einem Zusammenhang direkter oder indirekter Art mit ersterer in Verbindung steht.

Frauen schauen zwar fleißig in die oberen Chefetagen hinauf und nehmen vielleicht auch einen Job in einer leitenden Position an. Damit fangen dann aber sogleich die Probleme an. Frau muß realisieren – und daran hätte sie in der Hochblüte weiblicher Emanzipation nun wirklich nicht gedacht –, daß sie von den weiblichen Angestellten mit Argwohn beobachtet wird. Daß hinter ihrem Rücken getuschelt und gemauschelt wird, und daß man sie vordergründig zwar mit Respekt begrüßt, hinterrücks aber alles mögliche an negativen Eigenschaften zu suchen beginnt, die sie vom Sockel herabzwingen sollen. Und sei es nur im Kopf dieser Frauen. Eine Killerphantasie im Kopf ist immer noch besser als ein Schreiten zur Tat. Da haben die Frauen gewissen Männern schon einiges voraus. Nur ist ihre Hinterlist in Sachen Rivalität weit besser entwickelt als beim Mann. »Wenn Blicke töten könnten«, heißt es im Volksmund. Damit sind in der Regel Frauen als Täterinnen gemeint. Frauen verfügen zudem über Waffen, die man nicht in der Handtasche tragen muß. Gekonnt und gezielt lassen sie hie und da ein treffendes Wort fallen, oder sie erfinden eine kleine Geschichte zu Ungunsten ihrer Rivalin, die sie dann diskret hinter vorgehaltener Hand mit einer Treffsicherheit an die richtige Adresse bringen, die weit über derjenigen eines erstrangigen Polizeischützen liegen dürfte. Frauen können in diesen Belangen strafrechtlich nicht verfolgt werden, es sei denn wegen übler Nachrede. Das aber passiert ihnen nicht, denn sie sind so klug, daß die Urheberin der üblen Tat in solchen rufschädigenden Kolportagen oft gar nicht mehr auszumachen ist.

Wir haben ein einseitiges Strafrecht. Ein Strafrecht zugunsten der Frauen, auch wenn zur Zeit immer wieder das Gegenteil behauptet wird. So in einem kürzlich erschienenen Buch von *Walter Hauser,* der die Schweizer Gerichte der Geschlechterjustiz anklagt. In Deutschland und Frankreich gibt es vergleichbare Stimmen. Gemeint ist, daß der richterliche Grundsatz »Im Zweifel für den Angeklagten« beim Urteil gegenüber einer Frau nicht in gleicher Weise wie beim Mann gilt. Bei der Frau treffe das Gegenteil zu, nämlich: im Zweifel gegen die Frau. Dieser Buchautor, der sich im Zuge der allgemeinen »Frauenbonusmode« ehrlich für die Frauen einsetzen wollte, hat nun in der Folge nicht recht bekommen. Es hat sich herausgestellt, daß er seine Anklage gegen die Justiz nur ungenügend untermauern konnte – mangels Beweismaterial. Der Vorwurf des Juristen entbehre nach einem anerkannten Strafrechtsprofessor jeder soliden Grundlage. Im Gegenteil: Frauen sollen in der Regel eher ein niedrigeres als ein höheres Strafmaß genießen. Womit wir wieder beim wohlbekannten Frauenbonus gelandet wären.

Doch genug vom sexistischen Strafrecht und zurück zum Frauenalltag. Die in einer oberen Position gelandete Frau leidet unter der Mißgunst ihrer Mitarbeiterinnen, ihrer Freundinnen und ihrer Nachbarinnen. Sie fühlt sich bald einsam und allein gelassen, wo sie doch auch auf Frauensolidarität angewiesen ist. Von dieser aber kann sie nun nicht einmal mehr träumen. Auf solche Art von Frauen im Stich gelassen, will sie die Machtposition wieder aufgeben. Ist sie aber klug und autonom genug – womit auch die Unabhängigkeit vom Wohlwollen anderer Frauen gemeint sein soll –, wird sie diese schwierige Phase durchstehen und daraus viel gelernt haben. Zum Beispiel: daß sie sich auf Männer besser als auf Frauen verlassen kann. Und daß letztere ihr viel weniger im Wege stehen, als sie im Zuge feministischen Gedankengutes früher gerne bereit war anzunehmen.

Es ist nämlich nichts dagegen einzuwenden, daß eine Frau Macht hat. Und Frauen sollen auch dort, wo sie niemandem schaden, ihre Macht ausüben. Man soll den Frauen endlich die Macht lassen, die sie effektiv haben. Solange sie diese Macht nicht mißbrauchen, soll auch keine andere Frau kompetente Frauen an einer umfassenden Machtausübung im positiven Sinn hindern können. Soweit sind wir allerdings noch lange nicht. Denn die Rivalität unter den Frauen verunmöglicht nur allzu oft, daß wichtige gesellschaftliche Machtpositionen in die Hände von Frauen geraten. Das Gesetz »Du sollst nicht aus der Reihe tanzen« ist ein ehernes, unausgesprochenes Gesetz, für dessen Einhaltung Frauen nur allzu besorgt und alleweil emsig tätig sind. Von solcher weiblichen Geheimjustiz spricht natürlich niemand. Weil es schon immer sehr gefährlich war, den Frauen auf die Finger zu schauen. Das erklärt zumindest ein Großteil der bekannten »Angst vor der weiblichen Rache«, deren Feldzüge so unerbittlich sind, daß sie einem Mann in diesen speziellen Formen nie und nimmer einfielen. Dafür braucht es weibliche Kreativität, Intuition und ein sicheres Kalkül für den Moment, in dem zugeschlagen werden muß, soll die »Beute« erfolgreich erledigt werden. Deshalb scheut die Frau die Zusammenarbeit mit anderen Frauen oft wie der Teufel das Weihwasser. Nicht zu Unrecht. Denn so manche Frau hat sich naiverweise unter Frauen schon die Finger verbrannt, und vielleicht sogar den eigenen Mann dabei verloren. Denn auch auf diesem Feld scheuen viele Frauen nicht davor zurück, ihre »geheimen« Waffen erfolgreich anzuwenden.

Männer sollen in ihrer Beurteilung des weiblichen Geschlechts immer nur Sex im Kopf haben, sollen sich herumschlagen mit so einfachen Fragen wie: Sind die Beine hochgewachsen, ist der Busen prall und rund oder zart kindfrauhaft, ist der Po schmal und fest, und erinnert er nicht zu stark an Mutters Schoß? Das mag mitunter so sein. Schließlich sind auch Männer biologische Geschöpfe Gottes, die ihre Gene möglichst optimal vermehren sollen. Daß sie bei dieser Wahl oft etwas einseitig sind, könnte man ihnen ernsthaft eigentlich nur ankreiden, wenn man ihnen ebenfalls ersparen würde, von weiblicher Seite mit den erwähnten Äußerlichkeiten auf Schritt und Tritt konfrontiert zu werden, die die Frauen ihnen in schmackhafter Verpackung ununterbrochen vor die Nase halten. Wie soll ein Mann diese chronische Einnebelung in sexuell getönte Andeutungen und weibliche Entkleidungsmode in der U-Bahn, im Restaurant, am Arbeitsplatz, am Fernsehen etc. anders verkraften? Ist er doch selbst nur ein Kind seiner Natur.

Was auf der anderen Seite zuhauf immerzu in Vergessenheit gerät, ist just die Tatsache, daß die Frauen selbst solche Bewertungen am »Objekt Frau« zu machen pflegen. Und hier ist kein männliches Urteil über die »Attraktivität« einer Frau so hart wie dasjenige einer Frau. Sicher findet sich sogleich wieder ein Grund dafür, den Ursprung für diese strenge Beurteilung den Männern anzukreiden mit der Begründung, man hätte sie gezwungenermaßen von ihnen übernehmen müssen, als eine von den Männern aufgenötigte weibliche »Überlebensstrategie« sozusagen.

Seit alters ist es bekannt, daß unter Frauen stattfindende »Hennenkämpfe« eher an der Tagesordnung denn ungewöhnlich sind. Man muß nur ein Mädchen in vollem pubertärem Aggressionsschub beobachten, das ihre eigene Mutter in ihrem »immer noch sehr schönen Aussehen« erbarmungslos entwertet. Da fliegen die verbalen Fetzen, und da tönt es schwer nach Entthronungswünschen der jungen Frau, die sich offenbar mit der mütterlichen Potenz schwertut und diese deshalb durch Erniedrigung zu bekämpfen sucht. Daß dahinter ein noch unsicheres Selbstgefühl und eine noch unintegrierte Weiblichkeit stehen, wird eine weitsichtige Mutter sogleich erkennen. Im übrigen ist letzteres gerade auch etwas, das unter Frauen weit verbreitet ist: die Verachtung der jungen gegenüber der älteren Frau, was einer Verachtung der Weiblichkeit im allgemeinen gleichkommt. Natürlich wieder alles unbewußt, was aber keine Entschuldigung gewährleistet. Jüngere Frauen kosten ihre ganze sexuelle Anziehungskraft voll aus, was ihnen auch niemand verübeln kann, ginge es nicht um einen in der Phantasie unbewußt erlebten Triumph über die ältere Frau, die stellvertretend für die Mutter nun aus der Rivalinnenreihe in

Gedanken herauskatapultiert wird. Trifft es sich ganz anders, und entdeckt die jüngere Frau die ältere mit einem attraktiven jungen Liebhaber, versteht sie die Welt nicht mehr. Hatte sie doch gedacht, daß körperliche Spannkraft, eine junge frische Haut, gepaart mit dem notwendigen sexy Kleideroutfit, das A und O weiblicher Verführungspotenz seien. Sie hat nicht berücksichtigt, daß etliche Männer nicht nur immer dem Prototyp eines tollen Sexualobjektes nachrennen, sondern sich von einer reiferen Frau, die ihre Weiblichkeit integriert hat und sie auch besser lebt, weit mehr angezogen fühlen können als von jüngeren Frauen mit hochmodernem, halbtransparentem Oberteil.

Natürlich sind es nicht nur junge Frauen, die mit älteren, potenteren Frauen rivalisieren. Genauso läßt sich beobachten, daß die ältere Frau der jüngeren eine Aufstiegschance vereitelt. Die Machtposition einer älteren Frau wird ihr ermöglichen – etwa in einem Prüfungsgremium oder in einer Qualifikationsabteilung einer Firma –, der Jüngeren den Ast abzusägen, auf dem diese sitzt, oder ihr von vornherein keinerlei Chance für einen Aufstieg einzuräumen. Argumente lassen sich immer finden, so daß auch hier mit den entsprechenden Waffen eher hinterhältig als offen gekämpft wird. Eine hübsche junge Frau in der Krankenschwesterausbildung, die zudem selbstbewußt und kritisch ist, hat es in einem uniformen Frauenklima äußerst schwer, eine gute Qualifikation zu erhalten. Es dürfte leicht sein, ihr geringfügige Fehler nachzuweisen und sie so zu verunsichern, daß sie unter ständiger strenger weiblicher Aufsicht auch wirklich Fehler macht. Dann kann man nachweisen, daß sie für diese Ausbildung nicht geeignet ist. Und schon hat man wieder eine Rivalin weg vom Tisch.

3. Feindseligkeit unter Frauen:
keine Toleranz für Unterschiede

Können Sie sich Frauen im Militärdienst vorstellen, die sich wie Männer einer Offizierin unterordnen? Wohl kaum. Jeder kennt das offene Geheimnis, daß Frauen eine Chefin nicht akzeptieren. Und man kennt auch die soziale Egalisierungstendenz von Frauen unter sich, die streng darauf achten, daß keine der ihrigen aus der Reihe tanzt. In der Soziologie ist hierbei die Rede von der »sozialen Dominanz« der Frauen: Nivellierungen und Unterschiede in einer Gruppe werden von Frauen nicht akzeptiert und deshalb gern verhindert. Feststellen läßt sich ein starker Zug zu einem Uniformitätsdenken. Alle individuellen Vorlieben, Besonderheiten und Unterschiede zwischen Frauen werden von den sogenannten »Frauenfürsprecherinnen« nur allzu gern nivelliert und mit dem edlen Etikett der sogenannten »Frauensolidarität« versehen. Alles Individuelle wird ausradiert. Die Überzeugung der Wirkung eines Unterdrückungsprinzips gegenüber der Frau, die ihre Kinder aufzieht und Jahre auf die Ausübung ihres Berufes verzichtet, ist derart fest verankert, daß eine Frau, die anderer Meinung ist, die etwa gar nicht unglücklich als Mutter und Hausfrau ist, keinerlei Chance bekommt, von Frauenrechtlerinnen ernst genommen zu werden. So wird Frau nicht angehört. Fertig sind die Meinungen, über den Mann wie über die Frau. Daß diese undifferenzierten neuen Frauen- und Männerbilder schon zur öffentlichen Meinung gehören, ist aber gerade das Fatale daran. Und was zur öffentlichen Meinung gehört, wird auch kaum noch in Frage gestellt oder revidiert.

Es mutet ketzerisch an, wenn man als Frau den Frauen auf die Finger schaut und ihnen einige ihrer Untaten oder unehrbaren Gefühle auf dem Tablett serviert. Heute wird man deshalb nicht auf dem Scheiterhaufen landen. Dank engagierter Männer und neuer Gesetzgebung können wir uns heute in aller Öffentlichkeit zu unserer Meinung frei äußern. Früher allerdings, da gab es die Hexenverbrennung. Ein Werk von frauenhassenden Männern? Denken Sie jetzt wieder daran, daß Frauen nur Opfer waren und daran unschuldig sind? Gerade dort haben auch Frauen ihr Unwesen getrieben, haben andere Frauen denunziert oder des Irreseins beschuldigt.

Man braucht aber nicht bis ins Mittelalter zurückzugehen, um von der Feindseligkeit der Frau gegenüber Frauen eine Vorstellung zu bekommen.

Es genügt, in diesem Jahrhundert zu bleiben und einen Blick in die Akten des Dritten Reiches zu werfen, um von Frauen getroffene Denunziationen und die aktive Teilnahme an Quälereien zu entdecken. *Claudia Heyne* hat in ihrem Buch »Täterinnen« diese greulichen Dinge von Seiten von Frauen ausgegraben und aufgezeigt.

Auch in Kulturen, in denen etwa noch die Beschneidung von Mädchen praktiziert wird, stehen Frauen oft an vorderster Front. Wenn die Väter sich aus Erbarmen dagegen aussprechen, sind es die Mütter und Großmütter, die das noch kleine Mädchen zur Klitorisentfernung zwingen – immer mit der edlen Begründung, man müsse die Tochter vor der Ausstoßung aus der Gemeinschaft beschützen. Täten sich die Frauen zusammen, wäre ein solcher Ausschluß nicht mehr möglich. Frauen sind aber nicht solidarisch, auch wenn die Frauenbewegung das gerne so sieht. So ertragen auch Frauen in den »Beschneidungskulturen« den Unterschied nicht. Sie selbst wurden beschnitten, also müssen die heranwachsenden Mädchen auch daran glauben. Es kommt nicht in Frage, daß eine andere Frau es besser hat. Auch hier wirken Neid und Eifersucht als unbewußte Motoren für viele Grausamkeiten, die an der Oberfläche mit pseudoliebevollen Argumenten gerechtfertigt werden, wie etwa dem wohlgemeinten Schutz der jungen Frau.

In unserer westlichen Kultur sieht es freilich nicht viel besser aus. Zu den am strengsten gehüteten Tabus in der Weiblichkeitsdiskussion gehört das Thema der Macht und der Aggression unter Frauen bzw. des Neids auf die Macht der anderen Frau: seien es sexuelle Macht, Wirkungsmacht, Berufserfolge, Durchsetzungsmacht, Beziehungsmacht, Gefühlsmacht etc. Tanzt eine der Frauen aus der Reihe, kommt sogleich eine andere und setzt sie zurecht. Ein Beispiel:

Nach einer Operation verbringt Anna, eine junge Frau, zwei Monate in einer Rehabilitationsklinik im Schwarzwald. Männer und Frauen treffen sich regelmäßig zum Mittag- und Nachtessen im Speisesaal. Neue Patienten bekommen einen Platz an einem Vierertisch zugewiesen, den sie in der Regel für die Zeit des Aufenthaltes behalten. So ergeben sich lustige und ernste Gespräche, und der Klinikalltag läßt sich mit einer solchen kleinen Tischfamiliengemeinschaft besser ertragen. Anna wird an einen Tisch mit drei anderen Frauen plaziert. Auch sie freundet sich mit ihnen an. Eines schönen Tages wird ein Platz am Tisch nebenan frei. Anna entscheidet sich, ihren angestammten Platz am Frauentisch zu verlassen und sich für die verbleibende Zeit an einen Tisch zu setzen, an dem die Stimmung lustig und heiter ist. Hätte Anna gewußt, was in der Folge auf sie zukam, hätte sie sich diesen Schritt besser überlegt. Denn abends bereits wird sie von der ehemaligen Tischnachbarin auf dem Korridor angefaucht. Es werden ihr die übelsten Vorwürfe und Schuldgefühle gemacht. Sie sei unhöflich und unfair gegenüber den anderen Frauen, die jetzt allein zu dritt am Tisch sitzen müßten. Anna ist betroffen und verunsichert. Hat sie wirklich einen so großen Fehler begangen? Nachts findet sie keine Ruhe. Die Vorwurfshaltung der anderen Frauen, die sie nun nicht einmal mehr grüßen, hält sie nicht länger aus. Anna entschuldigt sich. Dennoch kehrt sie gottlob nicht zum alten Tisch zurück. Aber die Dreiergruppe will ab jetzt nichts mehr von ihr wissen. Mit anderen Worten: Anna wird hinausgeekelt, weil sie für sich ein ganz normales Freiheitsrecht beansprucht hat.

Was bei Frauen die Regel, ist bei Männern eine seltene Ausnahme. Kaum ein Mann wird sich derart kleinlich einem anderen Mann gegenüber verhalten, der auf diese Weise »aus der Reihe tanzt«. Geschweige denn ihn wegen eines solchen »Vergehens« mit Tadel, Liebesentzug oder Verstoßung bestrafen.

Das Drehorgelthema der Machtberaubung durch den Mann, an das sich manche Frauen immerfort klammern, einhergehend mit der Theorie der Frau als Opfer männlicher Gewalt und Unterdrückung, dient denn allzu oft der Verschleierung der wahren negativen Machtverhältnisse unter Frauen. Verleugnet wird besonders die Tatsache, daß Frauen sich selbst sehr viele Barrieren stellen und sich gegenseitig an Macht und Einflußnahme hindern. Erfolgreich wird verdrängt und den Männern zugeschoben, daß Frauen sich offen oder versteckt gegenseitig im Weg stehen: im Privat- wie im Berufsleben. Im Klartext: daß Frauen dort, wo sie den Erfolg einer anderen Frau wittern, geheime Verhinderungspläne austüfteln, Intrigen anzetteln und versteckt ein Aversionsklima gegen die betreffende Frau kreieren, das nicht selten zum erwünschten Mißerfolg der Betreffenden führt. Wenn nicht, bleiben nachträglich immer noch die geheimen weiblichen Rachemanöver, die Frauen seit Jahrtausenden geschickt und unauffällig in die Wege zu leiten wissen.

Warum existiert diese Aggressivität, diese Gleichmacherei unter Frauen? Und warum tut sich die Frau mit Hierarchieverhältnissen so viel schwerer als der Mann? Mit weiblichen Hierarchien, die ja keine Herrschafts-, sondern Funktionshierarchien sind? Soviel ist klar: Die Frauenbewegung hat es versäumt, sich mit diesem Tabuthema innerweiblicher Macht auseinanderzusetzen. Will die Emanzipation nicht weiter stagnieren, wird sie dieses heiße Eisen anpacken müssen. Dies hieße dann auch, sich von der uralten Utopie einer allgemeinen Frauensolidarität zu verabschieden und den Tatsachen ins Auge zu sehen.

Frauen bremsen Frauen: Mißtrauisch bewachen sie jeden Versuch, das einzigartige Wesen der Frau genuin von der Frau aus zu definieren, erst recht, wenn dieser Definitionsversuch von Männerseite kommt. Und Frauen lassen sich durch andere Frauen auch schnell bremsen: Es ist schwierig für sie, sich von anderen Frauen zu unterscheiden, etwa einen höheren Posten zu besetzen oder über mehr Macht zu verfügen als andere. Manche tun es zwar, aber ich wage zu zweifeln, ob ihnen dabei rundum wohl ist angesichts der zahlreichen mißgünstigen Blicke anderer Frauen. Es trifft eine der Urängste der Frau, von anderen Frauen (oder der Mutter) nicht akzeptiert bzw. nicht geliebt zu werden. Frauen haben viel größere Angst vor Ablehnung und Zurückweisung als Männer. Dies hindert sie aber nicht daran, anderen Frauen den Erfolg zu vergällen.

Der heutige Feminismus steht einer umfassenden Philosophie der Freiheit der Frau entgegen. Einer Freiheit, die die Frau in ihrer Ganzheit anspricht und nicht nur in ihrer vom Mann abhängigen Dimension. Diese Auseinandersetzung mit dem Thema eigener »selbstverschuldeter« Abwehr von Macht, nämlich die Bekämpfung der Macht anderer Frauen, würde auch den Verzicht beinhalten, auf die an die Adresse des Mannes formulierten Schuldzuweisungen zu verzichten, um sich endlich der eigenen Psyche zuzuwenden. Denn echte weibliche Lebensbejahung kann nur auf der Konfrontation mit der Wahrheit aufbauen.

Das zwanzigste Jahrhundert ist eine Fundgrube für das Auffinden solcher Mechanismen. Bleiben wir bei den eher harmlos anmutenden, noch über jeglichen Verdacht eines klaren Sadismus erhabenen alltäglichen, nichtsdestoweniger feindseligen »Kleinigkeiten« im Leben der Frau.

Gemeint sind nicht etwa die offen ausgetragenen Streitereien unter Nachbarinnen, die bösen Bemerkungen von Frau Meier über Frau Gruber. Viel interessanter ist die subtil getarnte Frauenverachtung, die in die öffentliche Meinung Einzug gehalten hat und in den von der Frauenbewegung geschaffenen Mythen ihren Ursprung hat. Es sind dies allesamt Mythen, Geschichten, die man sich erzählt, Überzeugungen, die sich alle als Vorurteile entpuppen, weil sie nicht den wahren Tatsachen entsprechen. Etwa der Mythos von der dummen Hausfrau: Als Hausfrau ist man nichts wert. Eine Frau verdummt mit der Kindererziehung. Daß man dadurch gescheiter und reifer werden kann, das ist einer »Befreiungsfrau« noch nie in den Sinn gekommen. Solche von Frauen geschaffenen Frauenmythen haben den Frauen enorm viel Schaden zugefügt.

4. Moderne feministische Frauenmythen: eine Fundgrube versteckter Feindseligkeit von Frauen gegenüber Frauen

Wo die Frau früher unter patriarchalen Strukturen zu leiden hatte, leidet sie heute unter einer neuen Form sozialer Unterwerfung unter die modernen frauenfeindlichen Mythen des 20. Jahrhunderts, welche sich der ganzen westlichen Welt bemächtigt haben. Diese neue larvierte Form der Frauenverachtung unter dem Deckmantel weiblicher Emanzipation – wie etwa der Mythos von der geistig verkümmernden Mutter am Herd der Familie – hat eine Selbstwertproblematik unter Frauen ausgelöst, unter der viele Frauen bis heute – direkt oder indirekt – leiden. Von der feministischen und sonstigen Literatur und von den Medien wurden diese Frauen indes jämmerlich allein gelassen.

Iris, eine 37jährige Frau, studierte Historikerin, hat einen fünfjährigen Sohn René, den ihr Mann einen Nachmittag pro Woche versorgt. Ansonsten ist Iris rund um die Uhr zu Hause und schreibt ab und zu für eine Zeitung. Sie leidet unter den kritischen und penetranten Bemerkungen ihrer Freundinnen.

»Jedes Mal fragen sie mich halb entsetzt, halb mitleidvoll, ob es mir auch wirklich gut ginge. Sie finden, ich hätte nicht mehr alle Tassen im Schrank, nur weil ich den ganzen Tag mit René verbringe. Sie dichten mir eine Depression an, wo ich doch keine habe. Immer wieder kommen sie auf dieses leidige Thema zurück. Als müßten sie mich bearbeiten, damit ich endlich für mein ›Glück‹ sorge und arbeiten gehe. Wenn ich diesen Frauen erzähle, wie gerne ich mit René zusammen bin, wie ich Spiel und Gespräch mit ihm genieße, dann schauen sie mich an, als käme ich vom Mond. So fühle ich mich unter Frauen sehr isoliert und nirgendwo richtig verstanden. Ich bin auf der Suche nach einer Frau, die so denkt und fühlt wie ich. Bis jetzt habe ich noch keine gefunden.«

Andersdenkende Frauen wie Iris werden unter Druck gesetzt. So hat der Feminismus sich gegen die Anliegen der Frauen gewendet und ist zu einem entmenschlichenden Feminismus geworden. Getreu dem Motto: Die Frau hat die gleichen Rechte wie der Mann. Sie soll ein absolut gleiches Leben führen können wie er. Daraus folgen Ableitungen, neue Richtlinien, die dafür sorgen, daß die Gleichheit auch durchgesetzt wird. Solche können etwa lauten: »Orientiere dich am Mann, der hat alles, was Gott erschaffen hat. Trachte danach, genauso viel zu bekommen und zu erreichen wie er. Vergleiche dich mit dem Mann und laß dich neben ihm nicht unterkriegen, koste es, was es wolle.«

Kollektive Mythen prägen unser Seelenleben in oft ungeahntem Ausmaß. Sie begleiten uns bewußt oder unbewußt und liefern Orientierungen in unserem Alltagsverhalten. Mythen verkörpern unausgesprochene Gesetzmäßigkeiten, die für den Menschen richtungweisend sind. Die Frauenbewegung hat zwar viele positive Errungenschaften für die Frauen erkämpft, sie hat aber auch neue Leitbilder geprägt, die dem Wesen der Frau einen fremden Stempel aufdrücken. Aus der erhofften Freiheit sind neue Imperative erwachsen, neue Forderungen entstanden, die die moderne Frau in neue Streß- und Unterwerfungsmechanismen hineinzwingen. Solche aus dem Feminismus erwachsenen Frauenmythen des 20. Jahrhunderts haben bei vielen Frauen eine große Verunsicherung im Blick auf ihre Geschlechtsidentität und auf das Spektrum ihres Betätigungsfeldes hervorgerufen. Diese Frauen haben keine Stimme erhalten. Von der Frauenbewegung sind sie oftmals allein gelassen und verachtet.

A. Der Mythos vom armen Opfer »Frau«

Von Feministinnen besonderer Couleur jahrelang unterstützt, haben Frauen selbst daran nicht mehr zu zweifeln begonnen: an der Überzeugung, Frauen seien grundsätzlich überall benachteiligt – von der Natur (Menstruation, Schwangerschaft, Geburt, Menopause etc.); in der Gesellschaft, in ihrer Geschlechtsrolle, im Beruf, in der Beziehung zu Männern etc. Niemand hat es so schwer wie eine Frau. Kriegt sie diese

Benachteiligungen nicht rechtzeitig in den Griff, kommt sie aus den »Frauenleiden« nicht mehr heraus. Immer ist sie ein Opfer: von gesellschaftlichen Umständen sowie ein Opfer der Natur. Und so hat es zu bleiben. Wehe dem, der das Gegenteil zu behaupten wagt.

Die gegenteilige Betrachtungsweise, die der Wahrheit ein gutes Stück näher kommen dürfte, daß nämlich die Frau über Potenzen verfügt, die vielleicht eher von Vorteil als von Nachteil sind, gehört wiederum zu den absoluten Tabuthemen unter den Frauen, die weiterhin »tapfer« gegen den Mann zu kämpfen gedenken. Oft wird den Frauen so viel abgesprochen und »abgedacht«, was der Erkenntnis echter weiblicher Identität weit mehr im Weg steht als gewisse gesellschaftliche Verhältnisse in unserer westlichen Kultur. So stehen nicht die Männer den Frauen im Weg, sondern die Frauen sich selbst: in der Schaffung solch fragwürdiger Frauenmythen und in der gegenseitigen Behinderung nach Erfolg und Macht im Alltag.

Wenn Männer die Frauen unbewußt weniger »mächtig« wahrnehmen müssen, als sie es in der Tat sind, so machen es die Frauen hier den Männern nach. Vielleicht ist das dahinterliegende unbewußte Motiv bei beiden Geschlechtern ein und dasselbe: die Entthronung der Alma Mater aus der frühen Kindheit, die sie damals notgedrungen und real als die Urmacht an sich selbst erlebt haben.

Das Opferthema erfreut sich einer ungebrochenen Beliebtheit. Man könnte meinen, es handle sich um einen kollektiven Wiederholungszwang: die ununterbrochene Betätigung an der Klagemauer in Richtung der Männer, die oft nur als unbefriedigender Mutterersatz zu dienen haben. Die Frauenbewegung tut heute kaum noch mehr, als mit ihren abgewetzten Klageliedern offene Türen einzurennen. Die Frauenbewegung aber stagniert und läuft sich tot, wenn sie die immergleichen Klagen nicht in präzis formulierte frauenbezogene Anliegen verwandelt. Sie tritt auf der Stelle, wenn sie die Lösung ihrer Probleme von der Männerwelt verlangt – die mittlerweile mit dem vor ihre Haustür gekehrten Frauenunrat vollauf beschäftigt und nahe an der Erschöpfung sind –, statt sie selbst aktiv an die Hand zu nehmen und die Frauen in ihren Anliegen ernsthaft einmal wirklich anzuhören. Eine »Face-to-Face«- und eine Selbstbefragung echter weiblicher Anliegen, Leidenschaften und Machtansprüche – jenseits jeglicher Opferposition und auch jenseits einer Männernachahmung – gäbe der Emanzipationsbewegung frischen Wind und würde neue Türen öffnen.

Darüber hinaus fehlen gemeinsame, identitätsstiftende Frauenleitbilder. Die zentralen Fragen eines weiblichen Lebensentwurfes: Mutterschaft – Familie – Beziehungen – Beruf – sind bis heute nicht befriedigend angegangen worden. Weibliche Identität muß neu gedacht – und vor allem genuin frauenbezogen und frauengerecht – bestimmt werden.

B. Der Mythos von der dummen Hausfrau und Mutter

Wir müssen die Familie zerstören . . . soll *Simone de Beauvoir* vor mehr als zwanzig Jahren gesagt haben. Was bedeutet, daß die Frau aus ihren gewohnten Bahnen ausbrechen, sich in öffentlichen Bereichen betätigen und der Familie einen Nullwert geben soll. Auf keinen Fall dürfe sie bei den Kindern im Haus bleiben. Eine Frau, die dies tut, arbeitet gegen die Emanzipation und gegen ihre Geschlechtsgenossinnen. Hausarbeit und Kindererziehung tragen zu Verdummung und Eingleisigkeit bei. Für die Umwelt uninteressant und langweilig geworden, wird die Frau nicht nur von innen, sondern auch von außen in die Isolation getrieben. Die Depression ist dann auch gleich vorprogrammiert. Diese Aussagen basieren nicht etwa auf empirischen Umfragen unter Müttern, sondern sind reine Vermutungen und müssen deshalb als Propagandamittel gewisser feministischer Kreise angesehen werden. Man kann meinen, daß dieses pervers anmutende Projekt – die Zerstörung der Familie – nun tatsächlich seine Realisierung gefunden hat: immer mehr Scheidungen, immer mehr Familiendramen, immer mehr alleinerziehende Elternteile, immer mehr Einsamkeit, immer mehr Verlust an Bezugspartnern für die Kinder. Statt dessen sitzen sie heute fleißig vor dem Fernsehapparat und schaffen sich ihre eigene, widerspruchsfreie Erlebniswelt. Ansonsten sind sie kleine Erwachsene, die emotional für sich selbst sorgen müssen. Daneben müssen sie meist noch den Müttern als Partnerersatz dienen und sie emotional »halten«. Und natürlich sind an diesem ganzen Elend wiederum die Männer schuld. Frauen müssen sich scheiden lassen, um ganz ohne Mann zu leben oder um auf einen »Besseren« zu warten. Doch der kommt nie. Oder erweist sich abermals als Fehlinvestition.

In dem Frauenbild einer isolierten, gelangweilten, verdummenden und depressiv verstimmten Mutter steckt viel Frauenverachtung: Man traut der erwachsenen Frau nicht einmal zu, daß sie von sich aus ihre Isolation überwindet, Kontakte in ihrem sozialen Umfeld findet und sich auch ohne Arbeitgeber kreativ und sinnvoll betätigt. So sieht der Feminismus die Frau als armes infantiles Wesen, das schutzlos in einer Welt steht, der es ausgeliefert ist. Ein solcher Feminismus spricht der Frau im Haushalt Autonomie und Eigeninitiative ab. Daß die meisten Hausfrauen aber gar nicht so unselbständig, dumm und abhängig sind, sondern oft über weit mehr Organisationstalent, Kreativitätsdenken, Chaosmanagement, Flexibilität, Intuition und Einfühlung als die »Berufsfrau« verfügen, interessiert Feministinnen nicht. Es interessiert schließlich nur der

Wettbewerb mit dem Mann und nicht die echten und differenzierten Wünsche nach Verwirklichung in einem Frauenleben, das unterschiedliche Lebensentwürfe und Möglichkeiten der Persönlichkeitsentwicklung beinhalten kann.

Auch junge Männer sind heute fast allesamt davon imprägniert: von dem Mythos, daß Hausarbeit und Kindererziehung die Hirnzellen schrumpfen lassen. Wie soll die Frau, die gern bei ihren Kindern bleibt, eine durchwegs positive Identifikation mit ihrer Aufgabe zustande bringen, wenn sowohl von Frauen- als auch von Männerseite her eine derart massive Entwertung ihrer Rolle ausgeübt wird? Nicht nur die Entwertung, sondern die qualvolle Darstellung der Mutterschaft als eine Plage und ein unfreiwilliges Muß fängt bereits in der Schwangerschaft an. Selten ist die Rede von einer lustvollen Schwangerschaft oder Geburt, oder von den Wonnen der Mutterschaft, angefangen bei der lustvollen Babybetreuung über die belebenden Fragen eines Fünfjährigen bis hin zu den agitierten und erfrischenden Pubertätsschüben des Heranwachsenden. Obwohl man die Erziehung von Kindern generell als Schwerstarbeit bezeichnet, wird sie nichtsdestoweniger als solche geringgeschätzt. Daß sie auch Energie erzeugen kann – so wie jede befriedigende Arbeit, mit der man positiv identifiziert ist –, daran denkt man allenfalls für die Berufsarbeit, nicht aber für die sogenannte »geistig anspruchslose« Arbeit der »dummen« Hausfrau und Mutter.

C. Der Mythos von der unterdrückten Frau und der Zwang der Frau zur Selbstbehauptung

Suzanne, eine junge Frau von zweiundzwanzig Jahren, selbstbewußt und hübsch, genießt ihre Jugend in vollen Zügen. Aus den vielen Verehrern hat sie schlußendlich die Wahl getroffen:

Peter, ein kluger junger Mann, aufrichtig und wohlerzogen, gutaussehend, eher introvertiert, dadurch aber gerade reizvoll für Suzanne. Beide sind sehr verliebt, sehen sich über Monate jeden Tag und beschließen, zusammen zu wohnen und später zu heiraten. So weit, so gut. Nach der ersten Phase der Verliebtheit erinnert sich Peter, daß er Freunde hat, die er durch die neue Beziehung mit Suzanne über Monate vernachlässigt hat. Er trifft sich nun einmal in der Woche mit ein paar Kollegen, an einem anderen Abend mit seinem besten Freund Klaus zum Schachspiel. Als Suzanne das erfährt, ist sie wie vom Blitz getroffen. Sie hatte gedacht, daß Peter vor allem mit ihr zusammen sein werde und andere Interessen ab sofort hintanstellen würde. Sie stellt ihn vor die Wahl: entweder sie oder die Freunde. Peter liebt Suzanne und weiß, daß ihre Drohung ernst gemeint ist. Sie würde auch sofort einen anderen finden. Er verzichtet auf die Freunde. Ein kleiner Trost für Peter: Er ist nicht allein in dieser Situation. Denn sein Freund Max und sein Kollege Christian mußten ebenfalls auf ihre Männertreffen verzichten, weil ihre Freundinnen damit nicht einverstanden waren. Ab und zu geht Peter zu seiner erstaunten Mutter und beklagt sich über das neue Frauenregiment, beschließt, sich zu wehren, und tut es dann doch nicht. Denn er kennt die Konsequenzen.

Suzanne hat sich einer neuen Weiblichkeitstheorie verschrieben, nach der die Frau sich vom Lebenswandel ihres Partners auf keinen Fall bestimmen lassen soll. Im Gegenteil: Frauen haben dafür zu sorgen, daß eher sie bestimmen als die Männer, ohne Rücksicht auf Verluste. Sie sorgen dafür, daß die Männer von ihnen abhängig werden, nicht etwa beide voneinander, wie das im Sinne von Gleichberechtigung wünschenswert wäre. Diese Unterjochung des Mannes wird dann möglichst mit Hilfe weiblicher Befreiungstheorien untermauert.

Heute hat man die Männer im Griff zu haben. Suzanne merkt nicht, wie destruktiv und diktatorisch ihr Verhalten ist. Sie fühlt sich im Recht, wie so viele andere junge Frauen auch. Daß ein Mann ein Wesen mit eigenen Rechten und von der Frau unabhängigen Bedürfnissen ist, das scheint in Vergessenheit geraten zu sein. Suzanne untermauert ihre Drohhaltung mit der Unterdrückungsthese, die Frauen heute getrost für alles Mögliche heranzuziehen pflegen: Wenn Peter sich erlaubt, an zwei Abenden pro Woche mit Freunden zusammen zu sein, ist das eine Unterdrückung der Frau, die man allein zu Hause sitzen läßt. Suzanne kommt nicht auf die Idee, daß sich hinter ihrer Argumentation ganz persönliche Ängste von ihr verbergen: zum Beispiel die Angst, allein und verlassen zu sein. Sie schiebt das Problem auf den Mann und untermauert diese Verschiebung elegant mit dem gängigen Unterdrückungsmythos, für den auch die Männer unterdessen ein offenes Ohr sowie Schuldgefühle für sämtliche Männergenerationen vor ihnen mitübernommen haben. Suzanne gibt Peter unausgesprochen – und das macht die Sache besonders schwierig für ihn – die Verantwortung für ihre Isolationsängste, die sie eigentlich in Eigenverantwortung bearbeiten müßte. Junge Männer, die nicht selten weniger sprachgewandt als Frauen sind, wissen oft nicht, wie sie mit den Frauen reden sollen. Sollten sie es dennoch versuchen, haben sie selten eine Chance, wirklich angehört zu werden.

D. Der Aggressionsmythos

In einem Artikel zum Thema »Frau und Erfolg« (erschienen 1996 in einer großen deutschen Tageszeitung) wird die Meinung vertreten, Frauen müßten – um ihre Chancen auf den Chefsessel zu verbessern – sich mit dem aggressiven Persönlichkeitsprofil ihrer männlichen Kollegen auseinandersetzen. Frauen müßten lernen, sich durchzusetzen, einzustecken und spontan aggressiv zu reagieren. Dazu gehöre auch, die typische Rollenverteilung von Mann und Frau in Frage zu stellen, ein weiterer Unsinn der gleichen Art. Hier wird nicht gefragt, was der Frau liegt, was ihr entspricht, womit sie sich selbst als Frau mit ihren eigenen Stärken verwirklichen könnte. Wieder einmal wird phantasielos und einfältig daraufhingearbeitet, der Frau eine Männlichkeitsschablone aufzusetzen. Im übrigen: Typischerweise wird der Artikel von einer Frau geschrieben. Die Männer sind wohl kaum an einer solchen um sich greifenden Maskulinisierung der Frau und der Umwelt interessiert.

Man muß sich zudem fragen, was die einzelnen Frauen dazu bringt, sich den feministischen Frauenmythen zu unterwerfen oder sie in ihr Selbstbild hineinzunehmen, wie etwa den Mythos, männliche Selbstbehauptung sei das A und O einer Karriere, oder den Mythos von der Verdummung der Mütter, die ihre Kinder selbst erziehen. Bereits viele junge Frauen sind davon derart überzeugt, daß sie mit Angst und Schrecken auf die Zeit nach der Geburt ihres Babys blicken. Zu den Phantasien von Freiheitsberaubung durch das Kind ist jetzt die Mär von der Verdummung der Hausfrau und Mutter hinzugekommen. Dies führt zu einer neuen Form von Geburtsängsten, die von ihrer Struktur her alle frauenspezifisch sind, aber durch die feministischen Mythen neue Inhalte bekommen haben, die Frauen weiterhin quälen, statt sie zu befreien. Man kann daraus schließen, daß das Verhältnis der modernen Frau zu ihrem eigenen Körper und zu ihren weiblichen Lebenswünschen immer noch schlecht ist und weit von dem entfernt, was man der Frau für ein erfülltes Frauenleben wünschen würde.

Die moderne Frau hat sich selbst in den Urgründen ihrer Weiblichkeit noch nicht gefunden. Sie hat sich mit ihrer weiblichen Macht noch zu wenig auseinandergesetzt. Solange sie davon überzeugt ist, sie müsse es dem Mann nachmachen, kann die Frau ihren Platz dem Mann gegenüber nicht finden und diesen Ort auch nicht aus einer kräftigen weiblichen Position und Identität heraus vertreten.

5. Der weibliche Wille

Der weibliche Wille ist eine in der Allgemeinen Psychologie und in der Psychoanalyse leider allzu vernachlässigte Dimension. Er entwickelt sich in der Reinlichkeits- oder Trotzphase der frühen Kindheit: Das will ich, das will ich nicht. Um ja sagen zu können, ist es ratsam, das Nein gelernt zu haben. Um ein Wortspiel zu gebrauchen: Um sich zu öffnen, muß man sich auch schließen können. Um zu wissen, was man will, muß man wissen, was man nicht will. Kleine Mädchen werden früher als Jungen zur Reinlichkeit erzogen, sie werden von den Müttern früher als Jungen gezwungen, »etwas« herzugeben. Es ist auch wohl so, daß kleinen Mädchen eher der Wille gebrochen wird als kleinen Jungen. Mädchen werden in der Regel in der Schulklasse weniger oft drangenommen als Jungen, notabene sogar dann, wenn die Klasse eine Klassenlehrerin hat. *Christiane Olivier* – eine französische Psychoanalytikerin – hat aufgezeigt, daß kleine Mädchen weniger lang gestillt und auch weniger oft und nicht so strahlend angeschaut werden wie Jungen. Weibliche Ablehnung der Weiblichkeit, Neid und Rivalität beginnen demnach schon an der Wiege.

Der weibliche Wille setzt sich mütterlicherseits dem kleinen Mädchen gegenüber auf imposante Weise durch. Die gleichen Mütter beklagen sich dann jedoch wiederum darüber, wie schwer es für uns Frauen ist, sich in der Männerwelt durchzusetzen. Wer hätte es anders erwartet? Auch hier sind wiederum die Männer schuld. Die Frauen werden entschuldigt, indem man behauptet, sie hätten einen Patriarchen internalisieren müssen. Die diskriminierende Haltung ihren Töchtern gegenüber käme also nicht von ihnen selbst, sondern sei nolens volens übernommen worden: natürlich vom Mann. Wie schwer muß es für Frauen sein, zu ihren eigenen »Fehlern« und Schwächen zu stehen.

Der zurechtgestutzte Wille des kleinen Mädchens – ein Beweis dafür, daß weibliche Konkurrenz im Keim erstickt werden soll – könnte denn auch eher als die veraltete Patriarchatsthese an der Wurzel aller weiblichen Selbstbehauptungsprobleme stehen. Eigentlich wäre es doch so: Man muß denjenigen lieben, der man sein will. Das Mädchen muß die Mutter lieben können, wenn es ihr gelingen soll, ihre Position an der Seite eines Mannes zu ergreifen. Wenn die Mutter ihm aber beim Differenzierungsprozeß dieser Strukturen nicht behilflich ist, dem Mädchen gar den eigenen Willen bricht, muß es zwangsläufig zu einer Ablehnung der Weiblichkeit kommen: ein Phänomen, das heutzutage allgegenwärtig ist, von Frauenseite wohlgemerkt.

Das Mädchen wird also seine Weiblichkeit ablehnen. Damit es niemand merkt und sie selbst auch nicht, wird sie diese Ablehnung erfolgreich verdrängen und sich ein Ventil woanders suchen: beim Mann. Nun ist die eigene Mutter geschützt – die innere Mutter ist hier gemeint, nicht die reale –, und die Konflikte brodeln nicht mehr im eigenen Innern, sondern können im Außen bekämpft werden. Man muß sich nicht innerlich mit dem eigenen Mutterbild auseinandersetzen und kann sich weiterhin weiblich in seiner Haut fühlen. Frau kann sogar kämpfen für mehr Weiblichkeitsrespekt, dann hat sie die höchste Stufe einer erfolgreichen Tarnung erreicht. Eine der praktischsten Formen kurzfristiger Konfliktlösungen, die sogar noch gesellschaftlich unterstützt und sozial akzeptiert werden: der unerbittliche Kampf gegen den »frauenfeindlichen« Mann, dem man seine Männlichkeit austreiben muß. Überall findet die Frau Verständnis für ihre Externalisierungsmanöver, wie die Tiefenpsychologen diesen Abwehrmechanismus nennen. Und der Mann eignet sich bestens für die Projektion eigener innerer Macht- und Ohnmachtskonflikte, die aus einer unterentwickelten, überharten oder unflexiblen Willensstruktur hervorgehen.

Die anale Phase ist für das Mädchen – und damit für die spätere Frau – eine Quelle von Konflikten ersten Ranges. Auffällig ist, daß das Mädchen im allgemeinen früher die Kontrolle über die Darmmuskulatur gewinnt als der Junge, auch ohne Druck von seiten der Mutter. Die Gründe hierfür sind wohl nicht nur in der unterschiedlichen Erziehung beider Geschlechter zu suchen, sondern im weiblichen Trieb nach Einverleibung. Die Dinge müssen unter Kontrolle gehalten werden, aus der Notwendigkeit heraus, innen und außen zu überwachen. Und auch um einen Teil des für die Frau typischen »Kloakenempfindens«, d. h. die Konfusion zwischen analem und genitalem Bereich, zu reduzieren und dieses Gebiet zu strukturieren. Sicher liegen die Gründe auch im Brutpflege- und Nestbautrieb, der die Frau mehr als den Mann dafür prädestiniert, sich Dinge von außen nach innen zu holen, sie bei sich zu horten oder von ihnen Besitz zu ergreifen. Im Erwachsenenalter lassen sich anale Charakterzüge bei Frauen in vielen Bereichen beobachten: in der Reinlichkeitsliebe oder im Reinlichkeitszwang, dem Klatsch als einer Form, in der dreckigen Wäsche des Nachbarn herumzuwühlen oder sie in der Öffentlichkeit herumzuzeigen, wie dies neuerdings in Deutschland von Seiten einiger Scheidungswitwen munter ausgeübt und von der Presse honoriert wird. Das Schnüffeln in der Privatsphäre anderer ist ein beliebter Frauensport. Herumgrübeln in anderer Leute privater Geschichten interessiert Frauen, Männer stört es eher. Männer haben hier mehr Respekt und viel eher ein gesundes Schamgefühl für Intimitäten.

Festhalten und Nichtloslassen sind ebenfalls ein Charakterzug, der seine Urstände in der analen Zeit der frühen Kinderjahre feiert. Daß Frauen ihre Männer festhalten wollen, ist zwar verständlich, nicht aber unbedingt ratsam. Denn Festhalten treibt den Mann noch mehr in die Flucht. Für ihn gibt es nichts Schlimmeres, als festgebunden zu werden. Die Psyche des Mannes hat nicht so viel Sitzleder wie diejenige der Frau: Er will reisen, in der Phantasie oder real, will Mythen nachdenken *(Allan Guggenbühl)*, Erfindungen vorantreiben. Er ist ständig auf der Suche nach Neuem, Anregendem, das seinen männlichen Expansionsdrang befriedigt. Frau sollte Mann in der Sublimierung dieses Dranges unterstützen, nicht unterbinden.

Im Erwachsenenalter kann man beobachten, daß Frauen mit ihrer eigenen Autonomie – die ihre Wurzeln in der analen Phase hat – und derjenigen von anderen Frauen ihre Probleme haben. Sie ertragen individuelle Ansprüche anderer Frauen schlecht, reagieren mit offenem oder verstecktem Neid oder versuchen, die »Außenseiterinnen« zu bekämpfen und zu bestrafen. Hier liegt eine der Hauptwurzeln für die Angst vieler Frauen, sich nach außen hin zu akzentuieren, ihren Willen in Aktivitäten zu bekunden und dadurch an Profil zu gewinnen. Eine Mutter, die das Mädchen in der Aneignung ihrer Welt behindert, wird die Integration der anal-sadistischen Triebe beim Mädchen erschweren. Es können dann Schuldgefühle entstehen, sich vom Leben etwas zu nehmen, sich das anzueignen, was einem als Frau und Mensch zusteht. So etwa kann das Mädchen unter Schuldgefühlen leiden, sich den Penis des »Vaters«, später eines Mannes aneignen zu wollen. Ein Wunsch, der in gesunder Form nicht von Schuld begleitet sein sollte. Phantasien und Träume bezeugen solche Ängste: allerdings nie in der direkten Form, sondern immer verkleidet durch Mechanismen der Umkehrung – und deshalb besonders schwer zu durchschauen.

Psychoanalytiker behaupten zwar immer, daß die Realität der Erziehung in bezug auf die Entwicklung von unbewußten Phantasien und neurotischen Strukturen eine zu vernachlässigende Größe sei, da es in der Hauptsache auf die individuelle Phantasietätigkeit und Triebstruktur ankäme, was ein jeder aus der Realität seiner Kindheit macht. Es mag sein, daß Konstitution, Triebstärke und die eigene Abwehrentwicklung eine große Rolle spielen und sich demnach bei noch so hervorragenden Müttern dennoch komplizierte Konfliktkonstellationen entwickeln. Beim späteren Umgang damit aber dürfte es dennoch nicht unbedeutend sein zu analysieren, inwiefern Dritte aus der äußeren Realität miteinbezogen und sekundär »konfliktualisiert« werden. Auch ist die Frage von Interesse, wie stark die Gesellschaft solche Mechanismen psychischer Externalisierungen stützt, was etwa die heutige westliche Gesellschaft mit ihren diversen Frauenmythen in hohem Ausmaß tut.

6. Die Mutter-Tochter-Beziehung:
das Fundament der Weiblichkeit

Junge Frauen – so die Unternehmensberaterin *Gertrud Höhler* – treten als starke Persönlichkeiten mit hohem Selbstvertrauen gerade dann auf, wenn sie mit der Mutter identifiziert sind und die Wertvorstellungen der Familie verinnerlicht haben. Ihr Selbstvertrauen gründet auf der Kompetenz in menschlichen Beziehungen, ob sie berufstätig sind oder nicht, während junge Männer für *Höhler* ihre Identität aus anderen Quellen schöpfen. Sie beziehen ihre Ich-Stärke aus einer »erarbeiteten« Identität: Das bedeutet eigene Wertvorstellungen, Berufsentscheidung, innere Ablösung von der Herkunftsfamilie. Selbst in einer Krise fühlen sie sich noch autonom und leistungsorientiert, haben eine hohe Flexibilität und passen sich leicht an neue Lebensumstände an.

Eine Frau steht nur dann wirklich gut in ihrem weiblichen Leben, wenn sie sich mit ihrer Mutter – oder zumindest mit Teilen von ihr – identifizieren konnte, eine Angelegenheit, die in der Regel nicht so einfach über die Bühne geht. Die meisten Frauen haben nämlich dort, wo sie es am wenigsten vermuten, ihre größten Weiblichkeitsprobleme. Unbewußt stehen sie sogar noch im späten Erwachsenenleben mit ihrer »Mutter« oder all dem, was das Mütterliche auf dieser Welt repräsentiert, auf Kriegsfuß. Nicht unbedingt bewußt. Es ist auch nicht die reale Mutter hier gemeint, sondern die verinnerlichte Mutter, ein Mutterbild, das sich mit der realen Beziehung zur Mutter oft nicht deckt. In den unbewußten Schichten des Seelenlebens der meisten modernen Frauen treibt das Mutterbild weiterhin – für einen Laien unbemerkt – sein Umwesen. Vieles von dem, was die Frau quält, hindert, hemmt, ihr fehlt, ihr auch beim Mann fehlt, hat seine Wurzeln in der frühen Kinderzeit, deren mächtigste Figur in der Regel die eigene Mutter ist. Oft ist das mangelnde Selbstwertgefühl ein Problem aus dieser Zeit.

Das kleine Mädchen erlebt sich nicht etwa als minderwertig, weil es plötzlich realisiert, daß sein Bruder einen Penis hat, es selbst aber keinen. Diese oft zu Recht von der Frauenbewegung angegriffene These Freuds soll auch hier keinen Anklang finden. Obwohl man Freud immerhin einräumen muß, daß er hier schon etwas Richtiges beobachtet hat, wenngleich er das eigentliche Problem, das sekundär tatsächlich zu einem Penisneid führt, kaum bearbeitet hat.

Das kleine Mädchen ist in der Tat viel mehr mit sich selbst beschäftigt als mit dem Penis seines Bruders. Es kann ab dem zweiten Lebensjahr den Geschlechterunterschied wahrnehmen. Dann weiß es, daß Weiblein und Männlein sich unterscheiden: daß sie eine andere Stimme, einen anderen Geruch und andere Bewegungen haben.

Der Zeit des Spracherwerbs folgt in der Regel eine wunderbare Zeit des Beginns eines Liebesverhältnisses mit der Welt *(Ph. Greenacre)*. Aber auch hier gibt es für das Mädchen ein paar nicht unbedeutende Ärgernisse, die es in seiner kindlichen Lebensfreude empfindlich dämpfen können. Denn die Mutter – für das Mädchen wie für den Jungen – ist die mächtigste Person in der Kinderwelt. Der Vater hat niemals annähernd so viel Macht. Wo aber liegt der Unterschied zum Jungen? Das Mädchen erlebt seine Ohnmacht oft intensiver, weil kränkender als der Junge. Es muß starke Gefühle von Ohnmacht, Wut, Neid und Eifersucht der Mutter gegenüber ertragen. Wie Freud bereits sagte, ist der Neid dort am größten, wo Ähnlichkeiten bestehen. Da das Mädchen der Mutter ähnlicher ist als der Junge, empfindet es die Macht derselben oft als destruktiv für sein eigenes Selbstwertgefühl. Besonders dann, wenn die Mutter es nicht respektiert oder bewußt oder unbewußt entwertet, weil sie selbst Probleme mit ihrer Weiblichkeit hat.

Der mütterliche Körper ist für das Mädchen ein Ort genuiner Macht, Kreativität, körperlicher Zeugungs- und Gebärkraft, ein Ort des Reichtums und der Fruchtbarkeit, darüber hinaus der Ort männlichen Begehrens überhaupt. Das Mädchen entwickelt Neidgefühle, die es nicht kanalisieren kann, wenn die Mutter ihm dabei nicht hilft. Besonders in der analen oder Trotzphase erlebt das Mädchen der Mutter gegenüber deshalb auch Schuldgefühle und hat Angst, nicht mehr geliebt zu werden. Es erlebt aber auch – und dies steht auf einem anderen Blatt – intensive Gefühle der Scham, die sein Ausgeliefertsein hervorrufen. Infolgedessen stellt sich ein massiver innerer Protest gegen die übermächtige Mutter ein. Schuld- und Schamgefühle der Mutter gegenüber bleiben – sofern sie nicht mit der Hilfe einer verständnisvollen Mutter und/oder eines respektvollen Vaters gemildert und integriert werden – bis weit ins Erwachsenenleben bestehen, werden das Unbewußte der Frau regieren und dort ihr Unwesen treiben, was auf das reale Leben der Frau einen kolossal negativen Einfluß haben kann. Es bleibt oft ein mehr oder weniger großer »Ablehnungskern« der Mutter gegenüber bestehen, der die Frau in ihrer weiblichen Identifikation massiv beeinträchtigt. Vordergründig feminin, können solche Frauen sich selbst oder anderen immer wieder ein Bein stellen. Oder Männer in die Knie zwingen, weil sie ein ungelöstes Machtproblem mit der inneren Mutter mit sich herumtragen.

All die Probleme, die Frauen mit ihrem Körper haben, haben ihre Wurzeln in der frühen Mutter-Tochter-Beziehung. Da aber der mütterliche Einfluß auf die Kinder mittlerweile zum Tabuthema Nummer Eins geworden ist, werden diese körperlichen Probleme junger Frauen nun auch den Männern zugeschoben, ihre Verobjektivierung als Sexualobjekt, ihre angeblich männlichen Erwartungen an das Schönheitsbild einer Frau. Oft müssen dann die Medien für etwas herhalten, was im trauten Heim der Familie entstanden ist: die Ablehnung des weiblichen Körpers durch die junge Frau selbst, als Folge eben einer unbewußten Ablehnung der Generation, aus der sie hervorgeht.

Im Klartext: eine Ablehnung der Mutter und ihres Körpers, somit der gesamten Weiblichkeit, da die Mutter diese repräsentiert. In Tat und Wirklichkeit auch wieder eine Tarnung für innerweibliche Probleme der Frau mit ihrer Weiblichkeit. Viele Frauen beklagen sich über einen zu kleinen Busen, lassen sich Silikon implantieren. Sie haben als kleines Mädchen die unbewußte Erinnerung der üppigen Brüste ihrer stillenden Mutter internalisiert und sehen sich ihr gegenüber unbewußt als defizitär ausgerüstet. Oder sie magern ab, weil sie es nicht ertragen, weibliche Formen zu haben.

Im Fall einer ungünstigen Entwicklung können die Triebschicksale des kleinen Mädchens einen verhängnisvollen Verlauf annehmen. Destruktive Neidphantasien bewußter und unbewußter Art können entstehen, die auch später noch alles Mütterliche und Weibliche zerstören und entleeren sollen – eine Entwicklung, die gesamtgesellschaftlich bereits immense Auswirkungen angenommen hat.

Um Kränkungen zu kompensieren, werden oft Größenphantasien eingesetzt. All diese Phantasien werden wiederum auf die Mutter zurückprojiziert, und die Identifikation mit einer noch mächtiger erscheinenden Mutter wird zusätzlich erschwert. Findet auch in der Pubertät keine Versöhnung mit dem Weiblichen und keine Korrektur des Mutterbildes statt, so verbleibt dieser Ablehnungsanteil oft unbemerkt in der Psyche der Frau und treibt dort oft bis zur Menopause – oder sogar darüber hinaus – sein Unwesen. Die Schuldgefühle sind dann wegen der verbliebenen, die Weiblichkeit zerstörenden unbewußten Phantasien derart groß, daß die junge Frau sich mitunter selbst als »gefährlich« erleben und sich deswegen etliche Hemmechanismen anlegen muß, denen sie dann wiederum mit einer Flucht nach vorn den Kampf ansagen kann. Man findet hier oft das Bild einer vordergründig selbstbewußten jungen Frau, die ihre weiblichen Reize zur Schau stellt, aber im Leben nicht in der Lage ist, sich in effizienter und verantwortungsbewußter Weise Dinge anzueignen, die ihr als Frau zustehen. Man kann auch eine Form von Weiblichkeit beobachten, die einen künstlichen Anstrich hat, weil sie nicht authentisch von innen her kommt, sondern aufgesetzt wirkt. Viele Formen weiblicher Perversionen sind auf einem solchen Umweg von Triebschicksalen zustande gekommen.

Wenn das Mädchen nun einen solchen »weiblichen Ablehnungskern« in sich trägt und dieser auch in der Pubertät keine Verarbeitungschance erhält, wird es später als Frau sich selbst und anderen Frauen im Wege stehen. Um diesem zum Teil abgespaltenen Kern ein Ventil zu verschaffen, wird es echte Weiblichkeit offen oder versteckt bekämpfen. Und da echte Weiblichkeit nie ohne das Pendant männlicher Ergänzung zu denken ist – selbstverständlich auch umgekehrt –, wird demzufolge auch die Männlichkeit bekämpft werden müssen.

7. Neid und Eifersucht: eine weibliche Wesensart?

Männer hegen das Vorurteil, Frauen könnten ohnehin nichts Rechtes miteinander anfangen, weil Neid und Rivalität sie daran hindern. Auch viele Frauen sind dieser Meinung und vermeiden deshalb tunlichst Gruppen mit weiblicher Mehrheit. Sind diese Befürchtungen begründet? Gibt es eine solche unzertrennbare Kluft zwischen Frauen, die es verunmöglicht, über längere Zeit produktiv und kreativ miteinander zu arbeiten oder einfach nur zu sein?

In der Tat ist der Neid ein Wesenszug der Frau, ein Charakteristikum weiblicher Affektivität, der dennoch gern von Frauen geleugnet wird. Er ist als Affekt so unangenehm kränkend, daß er – kaum tritt er als Gefühl auf – bekämpft werden muß. Er wird verdeckt, verbogen, projiziert, psychoanalytisch gesprochen abgewehrt. Das zeigt auch die ganze Geschichte um die in Frauenkreisen so gern heraufbeschworene weibliche Solidarität, die mehr ein Wunschtraum denn eine Realität sein dürfte. Diesen Wunschtraum verdanken wir der Idealisierung des Weiblichen, wobei – nach den Gesetzen des Unbewußten – die Idealisierung des Einen auch immer dessen Kehrseite verdeckt: die Entwertung.

Denn die Kehrseite sieht auch bei Frauen oft ganz anders aus. Wie sonst wäre es zu erklären, daß über Jahre andauernde feste und scheinbar unzerrüttbare dicke Frauenfreundschaften eines Tages – aus heiterem Himmel und ohne nachvollziehbaren Grund – in die Brüche gehen. Daß langjährige Frauenfreundschaften in Frauenfeindschaften umkippen, die dann oft bis zum Sankt Nimmerleinstag aufrechterhalten bleiben. Eine Versöhnung oder gar eine echte Auseinandersetzung findet nur in den seltensten Fällen statt. Oft ist der Auslöser des großen Bruchs nur eine Kleinigkeit, eine vergessene Geburtstagskarte zum Beispiel, oder eine Bemerkung, die man sich früher durchaus leisten konnte, plötzlich aber nicht mehr. Der Himmel weiß warum. Die innerweiblichen Neidverhältnisse haben eben nicht immer denselben Gefährlichkeitspegel. Es wird oft nicht mit derselben Elle gemessen. Das verleiht Frauenfreundschaften eine Dimension trüblicher Unberechenbarkeit. Wo die Freundin früher tolerant über etwas Unerfreuliches hinwegsehen konnte, ist sie plötzlich nicht mehr ansprechbar: All die negativen Neidgefühle, die sie früher noch ertragen konnte, erhalten plötzlich – anläßlich einer geringfügigen Kränkung, beispielsweise eines vergessenen Anrufs – eine Dimension, die einem nicht mehr zu löschenden Hausbrand nahekommt: Sie sind wie Öl im Feuer des rivalisierenden Neides mit der Freundin. Der Neid selber ist oft das nicht zugegebene Motiv einer schon lange zuvor bestehenden Spannung, die nun endgültig ans Tageslicht kommt, allerdings unter einem ganz anderen Vorwand.

Und das Verhältnis scheint unwiderrufbar zerrüttet, weil der Neid nicht aufhebbar ist. Es sei denn, die beneidete Freundin erleidet einen schweren Schicksalsschlag, was sie wieder ein paar Stufen von der Leiter herunterholt und dem Neid einen kräftigen Dämpfer gibt. Jetzt kann man erneut miteinander reden, denn nun ist die andere – wenn auch nur in der eigenen Vorstellung – geschwächt und nicht mehr länger ein Objekt des Neides. Und schließlich will sich die Frau auch den heimlichen Genuß der Schadenfreude nicht entgehen lassen, gepaart mit einem wieder erwachenden Interesse, das aussieht, als wäre die alte Liebe zwischen den Frauen wieder erblüht. Oft ist es aber nur Ausdruck des Wunsches, den eigenen Neid durch die eingetretene Lebensniederlage der Dauerfreundin nun endgültig besiegt zu sehen.

Frauen sprechen über vieles, über Neid eigentlich so gut wie nie. Es ist auch nicht angebracht, denn es wäre sehr verletzend. So ist es schon viel, wenn die betreffende Frau sich selbst Rechenschaft über ihre Neid-, Triumph- und Rachegefühle der anderen Frau gegenüber geben kann. Läßt sie diese Gefühle bei sich zu, ohne sie ausleben zu müssen, ist sie in ihrer Weiblichkeitsentwicklung schon sehr weit fortgeschritten. Maßlos enttäuscht über eine Freundin wird sie nicht mehr sein, denn sie kennt die weibliche Psyche.

Viele Frauen aber benötigen eine jahrelange Psychotherapie oder Psychoanalyse, bis sie sich eingestehen können, daß sie unter Neidproblemen leiden, wie andere unter Migräne oder Depressionen. Bis sie realisieren, daß sie sich damit in ihrem Leben sehr behindert haben, sind leider oft viele kostbare Jahre vorbeigeflossen.

Sogar namhafte Feministinnen müssen mittlerweile zugeben, daß ihre Illusionen bezüglich einer starken Frauenbewegung, sprich Frauensolidarität, endgültig im Winde zerschlagen sind. Die nackte Realität ist nicht länger zu leugnen: Weiblicher Neid und weibliche Rivalität setzen der Phantasie einer allgemeinen weiblichen Solidaritätshaltung harte Grenzen. Das Einmaleins feministischer Überzeugungen aber beinhaltet keinen Platz für weiblichen Neid. Und hält es deshalb auch nicht für nötig, sich eingehend mit ihm zu beschäftigen.

Das schlagendste Beispiel von weiblichem Neid ist bekannt: der Neid auf die Anziehungskraft einer anderen Frau. Obwohl Frauen dies immer nur ungenügend beurteilen können – da sie ja keine Männer sind –, glauben sie dennoch bestens zu wissen, was den Sexappeal einer Frau ausmacht. Unentwegt sind sie mit der Frage beschäftigt, sein Geheimnis und seine Erhaltung bis aufs Feinste zu ergründen. Ob diese weibliche Ergründungsgier am Ende das Hauptmotiv für viele enge Frauenfreundschaften ist? Das Motiv wäre der Wunsch, eines Tages hinter dieses Geheimnis zu kommen, stellvertretend im Sinne der Entlarvung mütterlicher Omnipotenz aus der frühen Kindheit. Denn nichts interessiert die ungenügend weiblich identifizierte Frau so sehr wie die Frage: Ist die andere Frau attraktiver als ich? Könnte sie meine Rivalin werden? Was könnte ein Mann an dieser Frau attraktiv finden? Sollten diese Fragen mit Ja beantwortet werden, stellen sich – wenn auch nur auf der Gedanken- und Phantasieebene der fragenden Frau – unmittelbar aggressive Phantasien ein, die gar nicht so selten gar Todeswunschcharakter annehmen können.

Konkurrenzprobleme unter Frauen sind nichts Neues. Man hinterfragt sie auch nicht mehr, denn sie gehören irgendwie zum natürlichen Ablauf der Dinge. Niemand will sich so recht damit beschäftigen. Wohl deshalb, weil das Thema die Frauen eher in ein schlechtes denn in ein günstiges Licht stellt. Diese Tatsachen werden kollektiv verdrängt, denn sie sind unvereinbar mit den Vorstellungen, die man idealerweise von einer Frau hat. Frauen gönnen anderen Frauen nicht unbedingt das Beste vom Besten. Eher das Mittelmäßige bis Mindermäßige. Daß sie sich selbst dann vielleicht auch nicht viel gönnen, ist nicht ein Widerspruch, sondern eine direkte Folge davon: Auf der unbewußten Ebene sind Schuldgefühle wegen des destruktiven Neides vorhanden, die die Realisierung eigener Wünsche blockieren. Man genehmigt sich selbst dann auch nicht viel. Aber wenigstens hat man – in der Phantasie zumindest – verhindert, daß die »Rivalin« es besser hat. So versagt sich die Frau bis heute so manchen Genuß, nicht aus ökologischen, ethischen oder selbstlosen Gründen, sondern aus Angst vor dem Neid anderer Frauen, den man natürlich – hat man ihn einmal bei sich entdeckt – nach außen auf andere Frauen projizieren muß. Selbstverständlich können auch Männer das Objekt solcher Projektionen sein. Frauen eignen sich jedoch besser dafür, weil der Neid in der Regel dort am größten ist, wo auch die Ähnlichkeit sich am ehesten deckt. Anders gesagt, wo der Unterschied am kleinsten ist, dort wird die Frau am neidischsten. Ausnahmen bestätigen die Regel. Schließlich beneidet man nicht die eigene Putzfrau, der gegenüber man sich »erhaben« fühlt, auch nicht die Königin von England, da beide weit außerhalb der eigenen Realität liegen. Für die Neidentwicklung braucht es demnach eine minimale Ähnlichkeit und eine Differenz, die störend ist. Im Feminismus halten die Frauen ihre Fahne oft so hoch, daß sie sie nicht sehen müssen. So müssen sie auch den Neid auf die anderen Frauen nicht entdecken.

Neid ist ein Affekt, der viel mit der Phase der Sauberkeitserziehung zu tun hat. In den Worten Freuds: mit der analen Phase. Der Phase, in der sich Wille, Kontrolle, Eigensinn, Besitzdenken, Stolz auf das eigene Produkt, aber auch Scham und Zweifel *(Erikson)* entwickeln. Besonders die narzißtisch gestörte Frau – deren Selbstwertregulation mangelhaft ist, was bei den meisten Frauen der Postmoderne der Fall zu sein scheint – hat eine besonders entwickelte Mißgunst gegenüber Schönheit, Jugend, Freiheit, Erfolg, Muße, Geld, Partnerschaft etc. anderer Frauen. Sie ist die personifizierte Intoleranz, auch wenn sie dies nach außen geschickt zu verbergen weiß. Dort erscheint sie vordergründig als großzügig und wohlwollend: Jede Frau weiß, daß dies eines der obersten Gebote ist, gegen die man nicht verstoßen soll. Also muß Frau sich Tricks ausdenken, um an das Ziel und an die Beute zu gelangen. Die Phantasietätigkeit vieler Frauen aber ist derart gut entwickelt, daß sie für die ausgeklügeltsten Neidbekämpfungsstrategien geradezu prädestiniert ist. Gegenüber dem materiellen, geistigen oder körperlichen Besitz der beneideten Frau fallen ihr unerwartet schlaue Strategien ein, die die andere aus ihrem hohen Sattel heben sollen: heimlich ein Bein dort gestellt, wo niemand es erahnt, diskret eine indiskrete Frage an einer Stelle, die die andere Frau vor anderen bloßstellen soll, beiläufig eine Schwäche oder Kränklichkeit der anderen aufgebauscht etc.

Wie bei der Eifersucht – bei der es aber im Unterschied zum Neid stets um drei Personen geht – gibt es beim Neid auch einen berechtigten und einen verwerflichen, destruktiven Neid. Beide Neidformen können sich in eher milder Form zeigen oder in sadistischem Verhalten ausagiert werden. Letzteres bedeutet nichts anderes, als daß vom Affekt zur Tat geschritten wird. Bei den Frauen sind dies in der Regel keine direkten »Affekttaten« wie bei Männern, sondern erfindungsreiche, indirekt wirkende, dafür um so treffsichere Aktionen, die allesamt dazu dienen, das Objekt des Neides zu schädigen und es in seiner Potenz zu mindern. Mit dem »verständlichen« Ziel, gegenüber diesem Objekt – der anderen Frau – keinen Neid empfinden zu müssen oder zumindest den eigenen Neid zu mildern. Dann läßt es sich ruhiger und komfortabler leben. Viele kostbare Frauenenergien gehen auf diese Weise drauf. Sie verschlingen einen guten Teil des Tagespotentials an Kräften, die konstruktiver für die Gemeinschaft eingesetzt werden könnten. Vorausgesetzt, Frauen kommen endlich in die Lage, die Unterschiede zu ertragen, die Potenz anderer Frauen zu akzeptieren, ihren Neid zu neutralisieren oder ihn zu sublimieren. Bis dahin jedenfalls ist noch sehr viel »Frauenarbeit« zu leisten.

Daß Mütter – und auch Väter – bei der Affektentwicklung des kleinen Mädchens eine wichtige Rolle spielen, ist nicht von der Hand zu weisen. In den frühen Vorschuljahren lernt das kleine Mädchen erstmals – oder auch nicht –, mit seinem Neid umzugehen. Der natürlich ausgelöste Neid gegenüber der mütterlichen Potenz kann integriert und gemildert werden, wenn die Mutter das Kind in ihre Aktivitäten einbezieht, es verständnisvoll wie eine kleine »Frau« gewähren läßt, es im Rollenspiel unterstützt, in dem sie es etwa mit Attributen aus Mutters Schmuck- und Schminkkiste herumhantieren oder mit ihren Stöckelschuhen durch die Wohnung stolzieren läßt, um sie dem Papa lustvoll spielerisch – in Identifikation mit der verführerischen Mutter – vorzuführen. Wehe, wenn das Mädchen dann entwertet wird. Nie wird es das vergessen.

Der Vater kann zeigen, daß er solche Verführungsmanöver

blöd findet, oder die Mutter kann sogar eifersüchtig verbietend reagieren. Beides zeigt ein mangelhaftes Einfühlungsver-
mögen gegenüber dem kleinen Mädchen – das gern »Frau«
sein möchte, aber sehr wohl weiß, daß es das nicht ist –, und
deshalb spielerisch beide Zustände, die Frau und das Mädchen,
immer wieder durchspielen muß, bis es akzeptieren kann, daß
die Mutter ihm in allem haushoch überlegen ist, wunderschön
und attraktiv, liebevoll und manchmal ungeduldig. Erst dann
kann das Mädchen sich als »Nochnichtfrau« akzeptieren und
das in der Wunschvorstellung anstreben, was die Mutter heute
schon in seinen Augen ist: stark, anziehend, feminin, gescheit,
sozial kompetent etc. Es ist dann positiv mit einer Mutter
identifiziert, die es bewundert. Das wird sich enorm auf sein
Selbstwertgefühl – jetzt und später – auswirken. Das Gegenteil kennen viele Frauen nur allzu gut. Das Akzeptieren des
Generationen- und auch des Geschlechtsunterschiedes ist für
jedes Kind eine Entwicklungsaufgabe, die es zu leisten hat und
in der es von den Eltern abhängig ist. Ist die Mutter männlich
identifiziert, indem sie männliche Werte und Lebensentwürfe
vorlebt, wird das Mädchen diese Werte zwangsläufig übernehmen, sich damit in seiner weiblichen Haut aber sehr unwohl
fühlen und viele Konflikte innerhalb seiner komplexen weiblichen Identifikationslinie entwickeln.

8. Moderne Mütter:
zwischen Vollblut-, Teilzeit- und Rabenmutter

Sie wirken gehetzt. Beim kleinsten Vorkommnis schreien sie
ihre Kinder an, unabhängig davon, ob jemand sie beobachtet.
Sie sind so gestreßt, daß sie schnell die Kontrolle über ihre
Aggressionen verlieren. Von Geduld mit dem heranwachsen-

den Geschöpf kann da schon lange nicht mehr die Rede sein. Die kleinste Bewegung, der leiseste Schrei schafft bereits eine Irritation. Wenn das Kind einen Wunsch äußert, wird dieser nullkommaplötzlich befriedigt, damit die Mutter schnell wieder ihre Ruhe hat, die sie selbstverständlich für ihren so wichtigen Beruf braucht. Und sie braucht auch Erholung in der Freizeit, damit sie anderntags im Leistungskampf gegen die Männer wieder fit ist. Das Kind bekommt keine Chance, die für später so lebenswichtige Frustrationstoleranz zu erlernen. Mit anderen Worten, es lernt das Warten und den Verzicht nicht: Damit aber wird es zu einem hervorragenden Konsumenten für unsere moderne Erlebnis- und Nachfragegesellschaft. Die Gier nimmt kein Ende, und die Seele wird mit modernen Erlebnisgütern zugestopft. Die bis zum Bersten gefüllten Kinderzimmer sind das beste Zeugnis für diese chaotischen Zustopfphänomene.

Baby und Karriere sind nur eine Frage der Organisation. Alles wird von den managementbegabten Müttern unter einen Hut gebracht. Und Kinderkrippen sind heute schon so zahlreich, daß einem gottseidank das Allermeiste abgenommen wird. Dafür zahlt man viel, und doch scheint die Rendite unter dem Strich immer noch positiver, als wenn man zu Hause bleiben würde. Von den Kindern aber nehmen solche gestreßten Mütter selten wirklich echt Notiz. Natürlich versorgen sie sie mit ihren körperlichen Bedürfnissen, von der morgendlichen Frühstücksmilch bis zum abendlichen Zähneputzen. Ein Gutenachtkuß liegt da auch noch drin. Aber wehe, wenn das Kind noch eine Geschichte erzählt bekommen möchte. Dann stellt man ihm ein Tonband neben das Bett und wünscht ihm eine gute Nacht. Einsam ist hier nicht nur das Kind, auch die Eltern ahnen nicht, was ihnen da alles entgeht.

Eine Frau kann heute auf keinen Fall auf ihren geplanten

Aufstieg verzichten. Nach der Geburt wird schnell wieder gearbeitet, möglichst ganztags, weil man sonst den Anschluß verpassen könnte. Daß man den Anschluß an das Kind verpaßt, ist nicht von Interesse. So wird das Kind frühmorgens in die Kinderkrippe gebracht oder zu einer Tagesmutter. Abends wird es wieder abgeholt. Finanziell besser gestellte Frauen erlauben sich eine Kinderfrau, die nach Hause kommt. Und doch sind diese Kinder oft absolute Wunschkinder. Lange hat man es sich überlegt, bevor man den entscheidenden Schritt der bewußten Zeugung vollzog. Man war zwar wegen der beruflichen Aufstiegsmöglichkeiten im Blick auf eine Schwangerschaft immer im Konflikt und hat deshalb das Kinderkriegen so lange wie möglich auf später verschoben. Bis die biologische Uhr der Frau immer lauter tickte.

»Wer steckt zurück? Mutter oder Vater?« lautet der Titel eines Artikels in einer namhaften deutschen Frauenzeitschrift. Die wahre Antwort, die nirgendwo steht und die keiner auszusprechen wagt: das Kind. Das Kind steckt immer zurück, wenn die Mutter im Vorschulalter ihrer Kinder auswärts arbeitet. Alle sprechen von der Freiheit der Frau, von ihren Freiheits- und Entwicklungsrechten, niemand aber spricht von den Rechten eines Kleinkindes auf kontinuierliche, ihm qualitativ angemessene Betreuung und Stimulation seiner Entwicklung. Das kommt erst unter ferner liefen, wenn überhaupt. Es genügt, wenn man die Kinder anzieht, ihnen genug zu essen gibt und sie vor Dummheiten bewahrt. Erziehung ist heute zur Aufsicht vor Gefahren geschrumpft. Gemeint sind natürlich handfeste äußere, für den Moment unsichtbare Gefahren: die körperliche Verletzung im Haushalt, auf dem Spielplatz und der Straße. Wieder diese cartesianische Trennung von Körper und Geist/Seele. Man kreidet sie zwar der modernen Medizin an, sucht alternative Naturheilärzte auf, aber vor der eigenen

Tür wird deshalb noch lange nicht gekehrt. Die seelischen Verletzungen eines Kindes sind da eher schon Ballast. Und da man sie ohnehin mit den ungeschulten und unaufmerksamen Augen einer Mutter/eines Vaters lange Zeit vor Ausbruch der Krise nicht erkennen kann, sind sie auch leicht wegzuleugnen.

Die Väter sollen auch mal was für die Kinder tun, hört man allenthalben. Sie sollen zugunsten der Frauen auf ihre berufliche Entwicklung verzichten oder zurückstecken, denn Frauen hätten schließlich das genau gleiche Recht, sich beruflichen Erfolg zu holen. Einer muß da zurückstecken. Warum nicht einmal die Männer? Eine berechtigte Frage. Nur wird eben kaum noch ernsthaft gefragt und nach einer für das Kind realitätsgerechten Antwort gesucht. Es wird gefordert, daß der Mann die Kinder betreuen und erziehen soll, ungeachtet dessen, ob er dafür geeignet ist – weil niemand mehr nach den echten Bedürfnissen eines Kindes fragt. Heute zählt ohnehin nur noch die Aufsichts- und Verpflegungspflicht. Die alte Weisheit aber, daß junge Väter – auch wenn sie aus einem modernen männlichen Stolz heraus das Gegenteil behaupten sollten – mit dem feinen weiblichen Sensorium und dem intuitiven Verständnis für die nonverbale Kommunikation des Babys nicht so gesegnet sind wie Mütter von Natur aus, ist derweil in Vergessenheit geraten.

Mütter – insofern es sich um »richtige« Mütter handelt – denken ganz anders als Väter über Kinder nach. Der Psychoanalytiker *Wilfred R. Bion,* der sich intensiv mit der frühen Mutter-Kind-Beziehung beschäftigt hat, spricht von der »capacity of dreaming«, einer Fähigkeit, in Anwesenheit des kleinen Kindes, das der Sprache noch nicht mächtig ist, zu träumen: über dessen seelische Vorgänge, Qualen, Bedürfnisse. Das innere Chaos des Babys wird von der Mutter verdaut, in etwas Gutes transformiert und ihm als etwas Annehmbares zurückgegeben. Der international bekannte Genfer Säuglingsforscher *Daniel Stern* betont nicht ohne Wehmut, daß Väter dem Kind nicht das geben können, was sie in den frühen Jahren ihres Lebens benötigen: ein durchaus emanzipierter Mann, der die Grenzen der Väterlichkeit und die besondere psychische Ausstattung von Müttern in bezug auf die Babybetreuung am besten beurteilen kann. Auch ich bin dieser Überzeugung – und hoffe, damit die vielen tollen Väter nicht vor den Kopf zu stoßen. Männer sind dennoch von herausragender Bedeutung für das kleine Kind, etwa dort, wo es um die so wichtige psychische, partielle Ablösung von der Mutter geht.

Ein jeder von uns weiß, was ihm seine Eltern bedeutet haben. Wie stark ihr Einfluß, ihre Macht für unser früheres und heutiges Seelenleben ist. Wie sie uns bis in den Tod hinein verfolgen als Figuren, die uns geprägt haben und die wir innigst geliebt haben, obwohl sie uns unabsichtlich oder absichtlich Verletzungen zufügten. Wir kennen diese Abhängigkeit von den Erwachsenen sehr gut. Es braucht da nicht viel Erinnerungsarbeit. Wie oft haben wir uns damals gewünscht, daß man uns vermehrt zuhört, daß man mit uns spielt, unsere Kindersorgen mit uns teilt. Gottseidank gab es noch die Großmütter. Denen konnte man stundenlang Geschichten erzählen, oder man konnte von ihnen Märchen erzählt bekommen. Sie haben einem beigebracht, wie man mit einem unangenehmen Lehrer umgeht, wie man sich im Beichtstuhl zu verhalten hat, wie man sich unter Kindern erfolgreich zur Wehr setzt etc.

Solche Großmütter sind wie vom Erdboden verschwunden. Entweder verbringen sie mit ihrem neuesten Freund gerade ihre Ferien in der Karibik – was man ihnen nach einem harten Frauenleben nur allzu gerne gönnt –, oder sie arbeiten sehr engagiert und erfolgreich, was sie endlich zufrieden stellen dürfte. Falls sie pensioniert sind, sind sie unentwegt auf Achse:

Mit den hohen Renten und dem Nochwohlstand unserer Konsumgesellschaft ist alles möglich geworden, was die heutigen Großmütter früher so hart entbehren mußten. Getreu dem Slogan: Hast du dir heute schon etwas gegönnt? Hast du dir schon etwas Gutes getan? Wenn nicht, dann tue es schnell, du hast es verdient. So als gäbe es nicht nur ein Recht, sondern gar eine Pflicht weiblicher Selbstverwöhnung. Enkel sind da nur im Weg. Man kann sie nicht mitnehmen in die Sauna, ins Solarium, zur Kosmetikerin, in die Karibik. Man will auch endlich seine Ruhe und kümmert sich nun intensiv um sich selbst. Und liegt damit ganz in der modernen Zeit, in der die »Selbstintensivierung« *(Peter Sloterdijk)* allem anderen vorauszugehen hat. Nicht aber das intensive Bemühen um den anderen. Großväter wären da auch betroffen. Oft sind sie aber – wegen ihrer weniger zähen männlichen Natur – leider schon gestorben.

Die Vollblutmutter: Nehmen wir ein Beispiel, und nennen wir sie Irma. Irma ist gelernte Kindergärtnerin. Seit der Geburt ihrer Tochter Eva möchte sie nur noch für ihr über alles geliebte Kind da sein. Irma ist ein absoluter Kindernarr, was ihre Berufswahl schon bezeugt. Nun ist sie den ganzen Tag bei den Kindern. Dafür führt auch sie allein das Regiment. Ihr Mann ist viel auf Reisen. An den wenigen Tagen, an denen er bei der Familie sein kann, ist er gerade noch toleriert: Er ist froh, wenn er sich auf sein Zimmer zurückziehen kann, in dem er gerade noch ein Gastrecht hat. Die Kinder tummeln sich massenweise im ganzen Haus. Auch die Kinder aus der Nachbarschaft sind gern gesehene Gäste. Es geht Irma nichts über Kinder, vor allem, wenn es Mädchen sind. Entsprechend kann sich ihre Tochter Eva breitmachen, wo sie will. Da Frauen es ohnehin so schwer im Leben haben, sollen sie von früh auf daran gewöhnt werden, sich das zu nehmen, was ihnen zusteht, ungeachtet dessen, was andere brauchen könnten. Michael – das zweite Kind – hat das Pech, dem männlichen Geschlecht anzugehören. Irma will ihn so erziehen, daß er sich auf keinen Fall zum »Macho« entwickelt. Während seine Schwester Eva alles tun darf, was ihr Herz begehrt, wird Michael »kastriert«. Seine Schwester darf die wildesten Spiele betreiben. Sie ist erst zehn und darf sogar ab und zu mit ihrem Nachbarsfreund im elterlichen Bett übernachten. Michael hingegen muß sich hüten, laut und wild zu sein oder spielerisch kämpferische Verhaltensweisen an den Tag zu legen. Nun ist er neun und zeigt bereits die ersten Anzeichen einer Sprachstörung: Er wiederholt sich viel, eine Art des sprachlichen Wiederkäuens – was die Mutter selbstverständlich auf die Palme bringt. Michael hat endlich eine Waffe gefunden, mit der er sich rächen kann. Wen aber wundert es, wenn Michael unter diesen Umständen auch noch zum Stotterer wird?

Heute müssen sich kleine Mädchen bereits ertüchtigen. Die zarte, weiche Seite ihres Wesens wird zugunsten von »Power« und Durchsetzungskraft abgeschafft. Tatendrang, Wille und aggressives Kämpfen werden bei Mädchen gefördert, bei Jungen gehemmt. So toben die Mädchen – unterstützt von ihren feministisch orientierten Müttern – in der Nachbarschaft herum, während die Jungen brav und sittsam hinter ihren Kleincomputern sitzen oder im Garten Unkraut rupfen müssen. Oder in der guten Stube das Nähen, Stricken und Häkeln beigebracht bekommen, damit sie fit für die spätere Haushaltsführung werden. Es wäre nichts gegen diese Arbeiten einzuwenden, würde nicht das Bedürfnis des Jungen, sich auszutoben und sich im Spiel kämpferisch zu bewähren, damit gleichzeitig abgemurkst. Mütter wollen den Jungen weibliche Eigenschaften anerziehen, wundern sich dann aber, wenn Symptome auftreten, die eine Fehlentwicklung anzeigen.

Wenn ihr Sohn plötzlich Sprachstörungen oder sonstige Hemmsymptome entwickelt, die auf eine Aggressionsunterdrückung zurückzuführen sind. Jedes Kind sollte das Recht auf eine geschlechtsspezifische Erziehung haben.

Etliche Mütter sind immer noch so angesteckt von der antiautoritären Welle der siebziger Jahre, daß sie ihren Kindern beinahe gehorchen. Sie würden ihnen sogar die Spaghetti auf die Straße nachtragen, sollten die Kinder es sich wünschen. Kinder sind dann oft die Nummer Eins auf der Bedienungsliste der Frau. Die Mutter meint, sie sei die beste aller Mütter, weil sie stets für die Kinder da ist. Das Kind als goldenes Kalb oder Halbgott, das die Mutter narzißtisch aufwerten soll – weswegen man es entsprechend pflegen muß. Der Mann kann dann oft froh sein, wenn noch etwas Butter und Brot und ein Gastrecht für ihn übrig bleiben.

Indes klagen so viele Mütter unentwegt über die berühmten Schuldgefühle. Gefühle sind eigentlich dafür da, daß man sie ernst nimmt. In der Regel haben Gefühle – so wie Schmerzen – eine Funktion. Angst und Schuldgefühle sind Signalaffekte: Sie weisen auf etwas hin, um das wir uns kümmern sollten. Natürlich gibt es irrationale Schuldgefühle – so wie im Kapitel über die unbewußte Feindseligkeit der inneren Mutter gegenüber beschrieben –, die man therapeutisch angehen kann. Aber es gibt auch eine realitätsgerechte Schuld, die man nicht wegtherapieren kann, so wie es von feministischer Seite immer wieder propagiert wird. Was alles an Schindluderei mit dem Wort Schuldgefühl betrieben und gleichzeitig unter den Teppich gekehrt wird, ist kaum zu glauben. Mütter können sich heute wunderbar beruhigen, indem sie Texte lesen wie etwa den folgenden, von *Ute Erhardt* und *Wilhelm Johnen* geschriebenen:

»... Schuldgefühle entstehen meistens aus Klischeevorstellungen darüber, was eine gute Mutter eigentlich ausmacht. Wir möchten Ihnen im folgenden einige Forschungsergebnisse vorstellen, die die Behauptung widerlegen, berufstätige Mütter würden sich nicht so gut um ihre Kinder kümmern wie Mütter, die zu Hause bleiben. (. . .) Es ist offensichtlich so, daß Eltern den Bedarf ihrer Kinder an Aufmerksamkeit überschätzen. Sie haben Klischeevorstellungen von elterlicher Zuwendung übernommen und sind Opfer des Wunschdenkens geworden, für ihr Kind unersetzlich zu sein.«

Hier werden falsche Tatsachen in die Welt hinausposaunt. Die Wahrheit ist: Eltern geben heute den Kindern nicht zu viel, sondern zu wenig Aufmerksamkeit. Kindern kann man ohnehin nie genug Aufmerksamkeit schenken – was eben nicht mit Verwöhnung zu verwechseln ist. Und Eltern sind für Kinder in der Tat unersetzlich: in den ersten sieben Jahren am meisten. Zu behaupten, Eltern seien ersetzbar, ist Augenwischerei. Es soll Frauen entlasten.

Frauen – insofern sie überhaupt noch eine halbwegs gute Beziehung zu ihrer Seele haben – spüren aber intuitiv, daß etwas nicht stimmt, wenn sie den Kindern nur eine halbe Stunde pro Tag an Zeit widmen können. Bewußt oder unbewußt leiden diese Mütter an Schuldgefühlen, auch dann noch, wenn sie durch Bücher kräftig zu deren Verdrängung animiert werden. Freud sprach von der Wiederkehr des Verdrängten. Jahre später können Reste von Schuldgefühlen auftauchen. Nur ein Beispiel: Wenn eine Frau über fünfzig nachts wiederholt von ihren kleinen Kindern träumt – inzwischen alle erwachsen –, ist dies ein fast untrügliches Zeichen dafür, daß sie ihre Schuldgefühle loswerden möchte. Indem sie sich im Traum um ihre kleinen Kinder kümmert, versucht sie etwas nachzuholen, was leider nicht nachzuholen ist. Und etwas zu genießen, was sie früher nicht genießen konnte.

9. Der Mann: das aggressivere Geschlecht?

Gemeinhin hält man den Mann für aggressiver als die Frau. Man spricht ihm auch generell ein größeres Aggressionspotential zu. Sicher ist, daß ein Mann dank seiner stärkeren Muskulatur der Frau in körperlicher Verteidigung und Angriff überlegen ist. Mit Betonung auf körperlich. Daß er in Notsituationen – sollte er psychisch oder körperlich angegriffen werden – zur körperlichen Waffe greift, liegt in der männlichen Natur. Jeder stützt sich schließlich auf die Stärken, über die er verfügt. Männer tragen Bandenkriege aus, bekämpfen sich gegenseitig, testen und messen ihre Potenzen. Die Muskelkraft und der hohe Testosteronspiegel – besonders bei jüngeren Männern – treiben die Männer zur Bewegung und zum Kampf an. Die Fähigkeit zum Aufschub und die Sublimierungsarbeit dürften beim Mann weit schwieriger zu erarbeiten und härter aufrechtzuerhalten sein als bei der Frau, jedenfalls solange der hormonelle Druck sich einmischt. Das soll keine Entschuldigung für männliche Übergriffe und Mißbräuche sein.

Schon Jungen pflegen äußerlich aggressivere Spiele als Mädchen, wiederum mit Betonung auf äußerlich sichtbar. Sie schlagen sich gegenseitig und raufen miteinander. Dies scheint eine allgemein gültige Beobachtung zu sein, über alle Kulturen hinweg. Heutzutage üben sie sogar Gewalt auf dem Schulplatz aus, gegen die schwächeren ihres eigenen Geschlechtes. Während die Mädchen alle ganz friedlich miteinander umgehen? Und sich machtlos als gutes Beispiel vor die Jungen hinstellen?

Auch Frauen sind an Mordtaten beteiligt oder werden selbst zu Mörderinnen, wie das jetzt bei Winnie Mandela der Fall zu sein scheint. Dennoch scheint unbestritten, daß körperliche Gewalt – in all ihren Varianten – öfter von Männern als von Frauen angewandt wird. Woraus dann aber viel zu generell geschlossen wird, der Mann sei gewalttätig, die Frau nicht: der Mann als Täter und Gewaltanwender. Ganze Familien müssen sterben, weil der Familienvater seine Nerven verloren hat. Frauen werden vergewaltigt, mißbraucht, geschändet, verschleppt, geschlagen etc. Traurige Wahrheiten über den Mann. Die statistischen Zahlen sprechen eher gegen als für ihn.

In der feministischen Diskussion wird oft ein und dieselbe Form der Gewalt anders beurteilt, je nachdem, ob es sich um einen Mann oder eine Frau handelt. Auffällig ist die Nachsicht, in deren Genuß Frauen hier immer wieder kommen. Über die von Frauen ausgeübten Morde in Ruanda in den neunziger Jahren wird getrost hinweggesehen. Und die Tatsache, daß in unseren Breitengraden etwa Ärztinnen im Dritten Reich an Menschen bis zu ihrem Tod herumexperimentiert haben, das fällt gern unter den Tisch. Oder wird unter ferner liefen erwähnt, so als ob der Journalist selbst nicht recht daran glauben möchte. In ihrem Buch »Täterinnen« verfolgt *Claudia Heyne* die Spuren weiblicher Missetaten. Sie schildert einen Fall: »Frau Dr. Oberheuser, die sich freiwillig als Lagerärztin nach Ravensbruck gemeldet hatte, war gemeinsam mit zwei Lagerärzten für die ärztliche Gesamtkontrolle der Experimente zuständig«, d. h. daß sie »die planvolle Nichtversorgung der gequälten Versuchsopfer durchsetzte, auch als die männlichen Lagerärzte das Ansehen dieser Qual nicht länger aushielten«. Die Arbeit der übrigen SS-Aufseherinnen, die sich zum Teil freiwillig für diese »Aufgabe« meldeten, war nicht weniger grausam.

Generell also behaupten zu wollen, der Mann sei gewalttätiger als die Frau, kommt einem reduktionistischen Verständnis des Begriffes Gewalt gleich. Und eben nicht einem – von Frauen so oft geforderten – ganzheitlichen Verständnis dieses Sachverhaltes. Gewalt in einem engen körperlichen Sinn verstanden, ist eine Sache. Die andere Sache ist, daß »Gewalt« (im weiteren Sinn) viele Gestalten annehmen kann, die nur allzuoft verharmlost werden. Es gibt hundert andere Formen der Gewalt als die unmittelbar körperliche. Auch Schweigen kann aggressiv oder sadistisch sein. Auf den Kontext kommt es an. Das Nichteingehen auf eine Frage des Gegenübers etwa ist ein Ignorieren, das eine bestimmte Form menschlicher Grausamkeit annehmen kann. Unterlassungen von Handlungen, zu denen man moralisch verpflichtet wäre, wie das Tolerieren eines kindlichen Mißbrauches durch den Vater oder die Mutter oder eine andere Person, ist ein ebenso gravierender Mißbrauch des Sorgerechtes wie die Tat selbst. Frauen schauen oft jahrelang zu. Man muß sich fragen, aus welch »edlen« Motiven heraus sie sich selbst – zu Ungunsten ihres Kindes – schützen müssen.

Die subtileren Formen aggressiven Verhaltens sind oft eher weiblich denn männlich. Frauen sind schon lange nicht mehr die Unschuldslämmer, die sich unterordnen, den Nachwuchs hingebungsvoll pflegen und ihren Männern treu und stark zur Seite stehen.

Wer sagt uns, daß psychische oder geistige Gewalt nicht weniger Schäden anrichtet? Nur weil wir keinen direkten, linearen Zusammenhang herstellen können? Oder weil der betroffene Mensch noch lebt? Gerade von Frauen wird immer wieder gefordert, daß wir das lineare Denken zugunsten von vernetzten, ganzheitlicheren Systemen aufgeben sollten. Das aber müßten Frauen zunächst selbst praktizieren, bevor sie es als Ziel propagieren und von den Männern einfordern.

Die nicht unmittelbar sichtbare, weil nicht körperlich angewendete Gewalt (analog der Gefahr einer Atomwaffe), ist nicht etwa weniger gefährlich als die direkt ausgeübte Gewalt. Nur wenn wir die Descartsche Trennung von Körper und Geist weiterhin aufrechterhalten, bleibt die sichtbare Gewalt schwerwiegender als die unsichtbare.

Während Männer – in jüngeren Jahren und in psychischen Ausnahmezuständen – eher dazu neigen, bei Bedrohung, Kränkungen etc. ihren Körper einzusetzen, benützen Frauen ganz andere Waffen. Abgesehen davon, daß gewisse Frauen ihren Körper auch als Waffe einsetzen – im Bereich perverser Gewalt –, sind sie im allgemeinen von klein auf darauf konditioniert, ihr kluges Köpfchen im Kampf zu nützen. Womit ich nicht behaupte, Männer seien nicht intelligent. Sie benützen ihre Intelligenz jedoch anders als Frauen. In der Regel eher für die Produktion von gemeinschaftlichen Gütern und Projekten als für die Bewerkstelligung von Klimatisierungs- und Kampfstrategien im persönlichen Alltag. Dort sind Männer einfach viel naiver und gutgläubiger. Um so enttäuschter sind sie dann auch, wenn sie »zufällig« das Opfer einer Intrige geworden sind.

Im Sammelband »Evas Biss« beschreibt *Kai Björquist* die Tatsache, daß bis zum Alter von elf Jahren Jungen Mädchen in der Ausübung physischer Gewalt überlegen sind. Später treten andere Formen der Aggressionsbewältigung in den Vordergrund: Hier machen Mädchen eindeutig das Rennen. Untersuchungen haben gezeigt, daß Mädchen bereits ab zwölf Jahren in bezug auf die Äußerung indirekter Aggression den Jungen hochsignifikant überlegen sind. Die hohe Sprachkompetenz und die verbale Überlegenheit des weiblichen Geschlechts dürften Frauen veranlassen, diese spezielle Machtposition besonders auszubauen und auch zu mißbrauchen. Darüber hinaus sind Mädchen und Frauen in der Lage, die nonverbalen

Signale ihrer »Opfer« präziser wahrzunehmen und ihre Pfeile zum richtigen Zeitpunkt in einer verschleierten Form abzuschießen. »Insbesondere im Bereich der verbalen und der indirekten Aggression hätte man dann so etwas wie den Prototyp weiblicher Aggression vor sich.« *(Björquist)*

Frauen scheinen sich bei indirekten Formen der Aggressionsäußerung sicherer zu fühlen. Ihre Aggression aber dann mit dem Argument zu entschuldigen, Frauen hätten ohnehin Angst, in die schwächere Position zu gelangen, und seien deshalb indirekt aggressiver, ist Augenwischerei. Die Indirektheit dient der Kaschierung ihrer Macht, einer Macht, die Frauen ausüben, zu der sie aber nicht stehen wollen. Zu beobachten ist, daß überall dort, wo Frauen sich in einer überlegenen Position befinden, sie ihre Machtposition offensichtlich in ähnlicher Form wie Männer mißbrauchen – mit raffinierten, undurchsichtigen Mitteln. Dies besonders in Krankenhäusern, Pflegeheimen, Kinderheimen, Altersheimen etc: überall dort, wo Menschen noch abhängiger von Rücksichtnahme und Respekt sind als im Alltag.

Frauen unterschätzen ihr eigenes Aggressionspotential. Auch von feministischer Seite wird immer noch propagiert: die Gewaltlosigkeit der Frau. Frauen intrigieren und denunzieren, kolportieren, verraten oder halten wichtige Informationen zurück. All dies diskreter, geheimnisvoller, schlauer und raffinierter als Männer. Nur der Aggressionsausdruck oder die Form ist anders: weniger offen und direkt, heimtückischer, hinterlistiger. Hinsichtlich der Aggressionsquantität und -qualität aber dürften die Frauen auch hier den Männern in nichts nachstehen.

Frauen sind dialogabhängig, hörabhängig, redeabhängig, während Männer eher handlungs- und autonomie-, d. h. bewegungsabhängig sind. Frauen benützen die Waffe der Symbolik: symbolische Handlungen, Sprache, Gesten, Mimik. Im Durchschnitt sprachgewandter als Männer, verfügen sie vor allem im privaten und im Nahraum über das weibliche Machtinstrument par excellence und besitzen damit die Potenz verbaler Gewalt. Wen wundert es, daß die Frauen genau mit dieser Waffe, vordergründig oder hinterrücks, in den Krieg ziehen?

Frauen harmonisieren den Nahraum über das Reden oder zerstören ihn über das Reden. Die Klatschkultur hätte ohne Frauen keinen Nährboden. Klatsch ist kein Gesellschaftsspiel – auch wenn es viele Frauen gern als solches betreiben –, sondern kann gravierende Folgen haben und Opfer ernsthaft schädigen. Der Ursprung der Klatschgewalt ist aber nur selten ausfindig zu machen, und die Täterin bleibt – wie bei Frauengewalt so oft – verdeckt.

Einerseits die verbale Aggression, andererseits die Aggression durch Unterlassen: durch Schweigen, Ignorieren, Darüberhinwegsehen, Vorenthalten von etwas, das einem zusteht. Oder von etwas, auf das man angewiesen wäre: wenn etwa eine Mutter ihrer jugendlichen Tochter immer wieder die Schönheit anderer Frauen aus der Umgebung vor Augen hält, die eigene Tochter aber völlig ausläßt. All das sind typisch weibliche Formen aggressiver Betätigung. Natürlich variiert der Schweregrad von Fall zu Fall, und von Frau zu Frau. Die aggressive Qualität des Handelns oder Nichthandelns aber bleibt.

Frauen stellen sich lieber als Opfer dar. Und sogar den Männern gefällt es besser, Frauen als Opfer denn als Täterinnen zu sehen. Glaube kann Berge versetzen. Aber die Stunde der Wahrheit wird auch für Männer einmal kommen. Dann müssen sie sich eingestehen, daß sie das Monopol für Aggressivität und Grausamkeit nicht mehr haben. Und müßten auch

darauf verzichten, die »seligmachende Liebenswürdigkeit«
ihrer Mütter in die Frauen hineinzuprojizieren, um sich –
zumindest in der Phantasie – besser versorgt und weiterhin
geliebt zu fühlen.

10. Weibliche Übergriffe

Sally Mann tat es. Sie tat, was andere Mütter schon lange vor
ihr mit ihren Kindern anstellten. Sie nahm ihren Fotoapparat
und fotografierte ihre Kinder in allen Positionen, nur mit dem
wesentlichen Unterschied: Die Kinder waren nackt. »Sally
Mann macht mit den Nacktbildern ihrer Kinder Furore«, so
eine Schlagzeile in einer Wirtschaftszeitung im Frühjahr 1997.
Man ist sich nicht einig, ob die Bilder ästhetisch oder anstößig
sind. Ihre Fotoserie »Immediate family« – eine fotografische
Kindheitschronik mit intimsten Einsichten – machte die
46jährige amerikanische Fotografin zur höchstdotierten zeit-
genössischen Fotografin. Für ihre Fotos werden heute bis zu
20 000 Dollar hingeblättert. Fotografien, auf denen die Kinder
mit entblößten Genitalien, in der lasziven Pose einer angehen-
den Lolita oder mit unschuldig träumendem Blick vertrauensvoll in die Kamera schauen.

Auch große Psychoanalytikerinnen – wie etwa *Melanie
Klein*, die ihre Kinder zu Forschungszwecken analysiert und
auf gewisse Weise deshalb mißbraucht hat – sind nicht gefeit
vor der Versuchung, die Grenzen des zwischenmenschlichen
Respektes zu mißachten. Besonders dann, wenn es sich bei
den Opfern des Übergriffs um Kinder handelt, wird nur allzu
schnell ein Auge zugedrückt. Wie selbstverständlich gehören
Kinder in den Besitz ihrer Mutter, die sie dann gedankenlos
für die Befriedigung ihrer eigenen Anliegen benützt. Oft mit

der fadenscheinigen Entschuldigung, man habe für das Kind oder für andere doch nur etwas Gutes tun wollen.

Gelegenheit macht Diebe. Frauen ergreifen Gelegenheiten dort, wo sie können. Fortwährend im Glauben, vom Leben rundherum benachteiligt zu sein, machen sie nur das »Beste« aus ihrer Situation und profitieren von den Schwächen ihrer Nahestehenden. Wo ein Mann in der Regel noch Skrupel hat, setzen sich Frauen über kleine oder größere Übertretungen elegant hinweg. Sie erledigen die Sache schnell und viel pragmatischer als so mancher Mann, ohne mit der Wimper zu zucken. Abgesehen davon, sind Frauen absolute Expertinnen im Auffinden von Nischen, in privaten wie in öffentlichen Räumen.

Unter dem edlen Vorwand des »Nur-das-Beste-für-das-Kind-Wollens« tummelt sich so mancher gut getarnte weibliche Übergriff. Kleine und große Männer, aber selbstverständlich auch Töchter sind davon betroffen. Die Mutter des Philosophen Nietzsche zum Beispiel:

». . . setzt den Jungen von Anfang an unter einen belastenden, einengenden Zwang – er soll (nicht zuletzt um ihres eigenen Seelenheiles willen) den Weg, den der Vater (ein Pastor, Anm. d. V.) nicht vollenden konnte, um so glänzender und erfolgreicher durchlaufen. (. . .) Und legt sie nicht auf das Kind eine schwere Last, wenn sie ihm immer wieder sagt, daß jedes kleine, belanglose Vergehen eine schlimme Widersetzlichkeit gegen den lieben Papa im Himmel, also tiefste Schuld ist?« *(Klaus Goch)*

Später wird Nietzsche – wen wundert es – wegen schwerster seelischer Störungen in der Psychiatrie untergebracht. Auch seine »liebe« Schwester hat sich redlich bemüht, Nutzen aus seinem Werk zu ziehen. Sie soll gar Texte von ihm abgeändert und unter seinem Namen veröffentlicht haben. *Erich*

Kästner soll unter weiblicher Fuchtel ein ähnlich trauriges Schicksal erlitten haben.

Frauen seien oft durch Regelverletzungen kreativ, sagt die Wissenschaftsphilosophin *Helga Nowotny:* Es gibt sehr unterschiedliche Zugänge, wie Frauen zur Wissenschaft kommen. Wenn Frauen Informatik betreiben, gehen sie nicht die üblichen Wege, sondern überspringen Stufen oder benützen ganz andere Verfahren als ihre männlichen Kollegen. Das mag sein Gutes haben. Man kann – wie *Nowotny* – der Meinung sein, daß jede Auflockerung bestehender Grenzen für die spezielle Kreativität von Frauen förderlich ist.

Der interessante Befund aber, daß Frauen sich gern über Regeln hinwegzusetzen pflegen, hat auch seine Schattenseite: Unerkannt können Frauen leichthändig auf feste Strukturen und Regeln verzichten und eigenwillig handeln, mit dem Risiko, anderen zu schaden – selbstverständlich wiederum nicht »bewußt«. Eine solche Form weiblicher Kreativität aber dürfte dem weiblichen Prinzip kaum zur Ehre geraten.

Frauen sollen zudem noch eine andere Moral haben, wird gesagt. Eine menschlichere und personenbezogenere Form des Urteilens. Um es kurz zu machen: eine bessere Moral natürlich. Als Richterinnen sollen sie humaner urteilen als Männer, und sich auch weniger von den Paragraphen leiten lassen. Es sei dahingestellt, ob die weibliche Justiz besser oder »menschlicher« ist als die männliche. Bemerkenswert ist die Tatsache, daß Frauen sich öfter als Männer über das Gesetz hinwegsetzen – indem sie es anders interpretieren oder es bagatellisieren. Das bringt ihnen viele Vorteile: Sie gehen anders mit Daten um. Sie nehmen sie nicht so genau, nehmen auch mal ein X für ein U. Wenn das Ganze Sinn macht, spielen Details nicht mehr so eine bedeutsame Rolle, auch wenn sie der Gesetzgeber nicht duldet.

Ein Beispiel: Die Kosmetikerin Frau S. praktiziert das Permanent-Makeup. Dafür muß sie Farbpartikel in die Haut einspritzen. Um die Haut schmerzfreier zu machen, appliziert sie eine rezeptpflichtige Salbe, auf deren Beipackzettel steht, daß sie nicht für die Umgebung der Augen zu benützen sei, da es sonst zu Hornhautverletzungen kommen kann. Frau S. tut es trotzdem. Eines Tages muß eine ihrer Kundinnen wegen einer Hornhautverletzung notfallmäßig ins Krankenhaus eingeliefert werden. Eine Konsumentenschutzsendung befragt Frau S. Ihre erste Antwort: »Das Gesetz bricht jeder schnell mal. Man denke nur ans Autofahren . . .« Frau S. wendet das Mittel weiterhin an, mit dem einzigen Unterschied, daß die Kundinnen das Rezept für die Salbe jetzt selbst besorgen.

11. Weiblicher Sadismus

»Daß zarte Frauenhände, die in den Parfümerien so geschickt und kunstvoll teure Duftflakons in hübsches Geschenkpapier einpacken oder am heimischen Schreibtisch Klassenarbeiten korrigieren, zu extremen Gewalttaten imstande sind, die denen des Mannes in nichts nachstehen, verwirrt in besonderem Maße.« *(Bolte/Dimmler)*

»Schwarze Witwen und eiserne Jungfrauen« ist der Titel eines neuen Buches von *Christian Bolte* und *Klaus Dimmler* beschrieben. Für einmal – »anders als in der üblichen Frauengeschichtsschreibung, die fast ausnahmslos von den Glanz-, Liebes- und Erduldungsleistungen historischer Frauengestalten kündet, handelt dieses Buch von (. . .) Gift- und Serienmörderinnen, Attentäterinnen, Hexen, Femmes fatales und Monstres femelles«.

»Homo homini lupus«: Der Mensch ist ein Wolf für den

Menschen. *Sigmund Freud* hat diesen Satz von Hobbes und Plautus übernommen, um die Grausamkeit des Menschen hervorzuheben. ».. . seine Aggression (am Nächsten) zu befriedigen, seine Arbeitskraft ohne Entschädigung auszunützen, ihn ohne seine Einwilligung sexuell zu gebrauchen, sich in den Besitz seiner Habe zu setzen, ihn zu demütigen, ihm Schmerzen zu bereiten, zu martern und zu töten.« *(Freud)* Die Greuel der Menschheit enthüllen den Menschen als wilde Bestie, schreibt er.

Wichtig ist hierbei: Der Mensch zerstört aus purer Lust an der Grausamkeit, das Tier nicht. Die tierische Aggressivität ist selbsterhaltend, die menschliche Aggressivität ist – wenn es sich um Sadismus handelt – destruktiv. Weder Auschwitz, Hiroshima, Ruanda, Yugoslawien noch Luxor können auf das biologische Tier in uns zurückgeführt werden.

Die Entstehung des Sadismus legt *Freud* in die analsadistische Phase. Die Stufe des Analsadismus beim Kind (der Entstehung grausamer Handlungen beim kleinen Kind) ist zeitlich der Entstehung des Selbstbewußtseins parallel. Erst wenn das Kind sein Bewußtsein von sich selbst als einer getrennten Person hat, kann es auch sadistisch sein. Das Kleinkind aber hat – insofern es klug und liebevoll gelenkt wird – die Chance, seine aggressiven Gefühle zu kanalisieren und sie mit Hilfe des Eros zu bändigen. Man kann sagen: Je weniger ein Kind geliebt und geführt wird (wobei Liebe heute oft mit Laisserfaire und Verwöhnung verwechselt wird), um so mehr ist es seinen sadistischen Trieben ausgeliefert. Und um so eher wird es diese später gegen andere Menschen richten.

Sadismus: ein zu starkes Wort für den Durchschnitt der Frauen? Ob bei Frau oder Mann: Der Begriff gilt für all die Fälle, in denen – bewußt oder unbewußt – beabsichtigt wird, einen Menschen direkt oder indirekt zu verletzen oder zu schädigen. Sicher kann eine Mutter, die ihre Kinder in aggressiver Form vor der bösen Nachbarin schützt, nicht als sadistisch bezeichnet werden. Sie will ja auch niemandem wehtun. Ihr Ziel ist nicht zu schädigen, sondern zu schützen. Sie agiert im Sinne der Selbsterhaltung, indem sie ihren Brutpflegetrieb auf gesunde Weise ausübt.

Als Kehrseite des Masochismus hat der Sadismus viel mit Leiden zu tun. Frauen, die viel leiden, jammern, klagen und andere beschuldigen, haben eine gut entwickelte masochistische – und sadistische Seite. Vergessen wird eben oft, daß analog zur Idealisierung als Kehrseite der Entwertung der Sadismus zum Masochismus bei Frauen dazugehört wie das Eigelb zum Eiweiß. Ein wiederholtes Klagen oder Beschuldigen – oft in dem typisch weinerlichen Tonfall – hat nicht selten eine stark ausgeprägte sadistische Komponente. Melodramatische, tränenreiche Szenen lassen Männerherzen erweichen – oft aber nicht einmal ahnen, daß es so etwas wie »sadistische Tränen« bei Frauen gibt. Oft ist das Ziel weiblicher Heulstrategien nämlich nur die mit getarnten Mitteln erzwungene Unterwerfungshandlung des teuren Ehegatten. Beim Mann besteht dann ein seltsamer Zustand von Verwirrung und Orientierungslosigkeit: notabene nur, solange er sich nicht eingesteht, daß er in die Falle kunstreicher weiblicher Spitzfindigkeit und Arglist geraten ist. Erzählen Männer selbst einmal von ihren Alltagssorgen – in der Regel ohne Tränen und Manipulationsabsicht –, bleiben Frauenaugen nicht selten saharatrocken.

Um den Sadismus im Alltag zu beobachten, braucht es nicht viel Menschenkenntnis. Man findet ihn allerorten, als Ausläufer des bekannten weiblichen Neides, als Motor für die Degradierung des Mannes oder gar als Quälerei auf der Mutter-Kind-Ebene. Dem Mann gegenüber hat die Frau den enormen

»Vorteil«, daß sie ihren Sadismus meistens heimlich und indirekt leben kann, wie etwa in der umgekehrten Version des Masochismus. Das ist sozial auch noch anerkannt und hat den großen Vorteil, daß auch die Schuldgefühle in einem »Arbeitsweg« gleich mitabsorbiert werden. Aber auch direkt ausgelebter Sadismus – unter dem Deckmantel der Praktikabilität geschickt getarnt – ist unter Frauen keine Seltenheit.

Hier ein Beispiel für eine offen ausgelebte – dennoch für Außenstehende in der Regel unbemerkte – sadistische Verhaltensweise. In Krankenhäusern läßt sich leicht so manches Beispiel dafür finden, besonders in den Frauenkliniken könnte man etliche Mißstände aufdecken.

Das Beispiel von Hanna: Sie ist dreißig Jahre alt. Eine Operation am Gebärmutterhals steht ihr bevor. Es geht um die Diagnose Krebs. Am Abend vor der Operation wird Hanna von einer resoluten, knapp sechzigjährigen Frau für das Rasieren abgeholt. Hanna ist ganz allein mit Schwester Erna. Auf dem gynäkologischen Stuhl liegend, die Beine auseinander, in ihrer Scham hilflos der Schwester mit dem Rasiermesser ausgeliefert, hält Hanna still. Normalerweise keine schlimme Angelegenheit für vertrauensvolle Frauen. Die ersten Schnitte am Schamhaar tun weh. Schwester Erna gibt nicht etwa Creme oder Rasierschaum hinzu, was die Schmerzen lindern könnte. Hannas Haut ziept und schmerzt unter den ruckartigen Rasierbewegungen der Schwester. Sie spürt die Bösartigkeit dieser Frau, verwickelt sie deshalb in ein Gespräch, in der Hoffnung, sie etwas sanfter und menschlicher zu stimmen: »Ist es immer so, daß Sie den oberen Teil der Schamhaare belassen?« Wie aus der Pistole heraus kommt die Antwort der Schwester: »Beim nächsten Mal, wenn Sie wiederkommen, wird alles abrasiert.« Hanna atmet tief durch und fragt tapfer zurück: »Wieso beim nächsten Mal?« Schwester Erna: »90 Prozent der

Frauen kommen sowieso wieder.« Hanna ist beunruhigt und verletzt. Fortan ist sie mit ihren Ängsten allein. Nach der Operation bekommt Hanna auf ihren Wunsch ein Buch über diese Operation vom Stationsarzt. Kaum ist Hanna auf dem Korridor verschwunden, läßt Schwester Erna das Buch stillschweigend verschwinden. Die Zimmernachbarin ist Zeugin. Hanna aber hat nicht genügend Kraft, sich zu wehren. Immerhin hat sie etwas begriffen: daß Sadismus dort ausgelebt wird, wo Menschen von anderen abhängig sind.

Schwester Erna lebt ihren Sadismus auf eine geschickt getarnte Weise aus. Direkte konkrete Fehlhandlungen kann man ihr nicht nachweisen. Es sind das Unterlassen einer Hilfestellung und die Beiläufigkeit von Halbinformationen, die ihren Sadismus – für den aufmerksamen Beobachter allerdings nur scheinbar – verdecken. Eingekleidet in den Nimbus eines helfenden, altruistischen Berufes, kann Schwester Erna sich an anderen Frauen abreagieren. Sie kann ihren Neid auf junge, hübsche Vertreterinnen des weiblichen Geschlechtes ungestraft zum Ausdruck bringen. Sowohl die intrigante Information als auch der unsensible Rasiervorgang haben zum Ziel, das Opfer zu quälen und zu ängstigen.

Wenn Sie jetzt sagen, das sei doch wohl eher die Ausnahme als die Regel, daß Frauen mit Frauen so umzugehen pflegen, ist dem entgegenzuhalten: Die Dunkelziffern dürften hoch sein. Hier nur ein Beispiel einer harmlosen Form von weiblicher Boshaftigkeit: Frau Meier ist zur Erholung in einer Klinik. Sie hat Geburtstag. Abends möchte ihr Sohn ihr telefonisch gratulieren. Die Frau in der Zentrale aber verbindet das Gespräch nicht mehr, obwohl Frau Meier sich in einem Einzelzimmer befindet. Ebenfalls unterläßt sie es, eine Notiz für Frau Meier anzufertigen. Dabei hätte sie sich sehr darüber gefreut, und es wäre zudem förderlich für die Genesung gewesen, wie man heute mittlerweile weiß. Ein paar Tage später ruft ihr Sohn wieder an. Erst jetzt erfährt Frau Meier von seinem früheren Anruf. Höflich erkundigt sie sich an der Zentrale. Eine schroffe Antwort wird ihr zuteil: »Sie sind hier nicht die einzige. Wir haben 200 Patienten. Und übrigens kann Ihr Sohn Ihnen ja auch schreiben.« Die Vermischung von sachlichen Informationen mit Rezepten für das Alltagsverhalten und moralischen Anspielungen emotionalisieren die Kommunikation. Sie sind typisch weiblich und haben mit Macht und Erniedrigungswünschen zu tun, eine Form der Ausübung weiblicher Klimatisierungsmacht im negativen Sinn.

Über Verrat und Denunziation: Die »Judasfrauen«, so lautet der Titel eines Buches von *Helga Schubert* zum Thema Gewalt von Frauen im Dritten Reich. Im Gegensatz zur sonst in feministischen Kreisen üblichen Leugnung dieses traurigen Kapitels wagt sich die Autorin an dieses miserable Stück Frauengeschichte heran. Hier ist die Rede von mörderischem Klatsch, von Haß, Rache, Eifersucht, Neid, Verrat. Geltungsbedürfnis und Habgier von Frauen mögen die oberflächlichen Motive von Denunziationen gewesen sein, durch die Frauen andere Menschen in Konzentrationslager und in den Tod gebracht haben: Männer, Frauen und Kinder. 100 000 Reichsmark wurden als Judaslohn angeboten, zusätzlich ein Händedruck des von Frauen im »Liebesrausch« idealisierten Mannes mit Namen Hitler. Die Autorin beschreibt zehn Fallgeschichten, in denen es um die Tat von Frauen als Spitzel und Verräterinnen geht. Alle diese Frauen lebten wirklich. Sie könnten unter Umständen unsere älteren Nachbarinnen sein. Die Erzählform des Buches kann leicht darüber hinwegtäuschen, daß die Autorin sich die Daten in minutiöser Recherche in den Archiven deutscher Ämter der ehemaligen DDR und der Bundesrepublik (Kriegs- und Nachkriegsakten) beschafft hat.

Die betreffenden Frauen wurden nach Kriegsende teilweise zur Rechenschaft gezogen. In den Gerichtsakten beteuern sie ihre Unschuld. Sie wurden zur Rückzahlung des damals erworbenen Denunziantinnenlohnes gebracht und erhielten mehrere Jahre Zuchthaus Strafe.

IV.
Zur Lösung
der Geschlechterproblematik

1. Mann und Frau:
die großen Unterschiede

Heute geht man davon aus, daß beide Geschlechter gleich sind. Die Biologie hat man in den siebziger Jahren aus dem anthropologischen Repertoire gestrichen und durch Gesellschafts- und Sozialisationstheorien, die sich oft als bare Ideologien entpuppen, ersetzt. Was nicht ins Konzept paßt – nämlich hier die Unterschiede der Geschlechter –, wird ausradiert, als sei es nicht existent. So hat auch die Frauenbewegung eine ganz besondere Abneigung gegen die Biologie entwickelt. Was nichts anderes ist als eine Ausblendung oder Abwehr der Realität.

Was die Frauenbewegung versucht hat, kommt einer Descartschen Trennung von Körper und Geist, von Körper und Seele gleich. Erst in letzter Zeit können sich Wissenschaftler wieder Gehör verschaffen, die unseren Körper nicht mehr in seinem Einfluß auf Geist und Seele ignorieren. Und so mehren sich wieder die Stimmen, die von den Unterschieden sprechen, was der Realität eher entspricht.

Normal ist ebenso, daß die Geschlechter sich nicht verstehen, auch wenn man diese Tatsache auf dem Hintergrund der gar nicht so alten Konzeption romantischer Liebe und der Wunschvorstellung einer lebenslangen Ehe weiterhin hartnäckig zu leugnen sucht. Mann und Frau sind zwar beide menschliche Wesen, aber doch in vielerlei Hinsicht voneinander grundlegend verschieden. Das tut weh und geht so mancher feministisch orientierten Frau an die Nieren. Denn wenn sie so vieles trennt, wie soll sie das erreichen, was der Mann scheinbar schon haben soll? Viele romantische Seelen werden sich fragen, wie sie sich lieben können, wenn der Mann mitunter unter derselben Sache etwas ganz anderes versteht als die Frau.

Aufeinander zugehen und sich kennenlernen wäre nicht schlecht. Ersteres tun die Menschen noch, lassen es aber in der Regel dabei. Mit Kennenlernen meinen sie dann bloß die Art zu reden, die Hobbys, Interessen, politischen Ansichten etc. So glauben viele Paare einander nach kurzer Zeit zu kennen. Sie denken in den Partner etwas hinein, das nicht ihrer Realität entspricht, sondern eher der eigenen Phantasie entstammt. Kommt die Stunde der Wahrheit – was einem echten Kennenlernen entspräche –, ist diese oft nur noch eine bodenlose Enttäuschung, sprich Täuschung vorher gemachter Illusionen über den Partner.

Im Geschlechterverhältnis wartet jeder auf den anderen. Dabei ist keiner bei sich selbst angekommen. Weder Mann noch Frau wissen über ihre eigene Identität Bescheid und sind in der Lage, aus ihr Kraft zu schöpfen. Alle spüren ein Unbehagen, und niemand weiß, wie man es beheben könnte. Und es geht munter weiter mit der gegenseitigen Amputation, auf die vor allem die Frauen ein Recht zu haben glauben. Unterschiede werden geleugnet oder nur dort akzentuiert, wo sie einem Vorteile bringen.

Wo liegen also die wirklichen Unterschiede? Weit davon entfernt, diese Frage schlüssig beantworten zu können, werde ich nur ein paar der augenfälligsten, am meisten zu Partnerschaftsproblemen führenden Unterschiede herausgreifen und mich auf wenige Beispiele beschränken.

Männer haben einen größeren Explorationsdrang. Schon kleine Jungen wollen erkunden, wie es draußen in der Welt aussieht, wie man experimentieren und wo man ändern könnte. Ohne den Mann mit dem Tier vergleichen zu wollen, sei dennoch festgehalten, daß auch in der Tierwelt die Männchen ein höheres Erregungsniveau als die Weibchen aufweisen *(Norbert Bischof)*. Männliche Jungtiere haben eine gesteigerte Erregungsappetenz. Kampfspiele dienen der Übung. In »freundlicher Verbundenheit« wird eingeübt, was später im Lebenskampf gebraucht wird. Kampf- und Raufspiele gehören also zum Alltag des männlichen Jungtieres. Solche Spiele dienen nach *Bischof* der Kompetenzerweiterung. Diese erforderliche Kompetenz kann kooperativ im jugendlichen Kampfspiel eingeübt werden. Bei den Jungen wird das Raufen und Kämpfen von Frauenseite her oft in heftigster Form unterbunden. Denkt man an die heutige Gewalt an Schulen, auf die man immer noch schlüssige Antworten sucht, so hat diese sicher mit der emotionalen Verwahrlosung unserer Kinder zu tun, vielleicht aber auch mit der repressiven mütterlichen Unterbindung des Kampfgeistes ihrer Söhne.

Der Mann sucht nach Erregungsquellen und meidet Situationen der Erregungssenkung. Eine vertraute Umgebung senkt die Erregung, was ruhespendend, wohltuend und entspannend ist für ihn, ihn aber auf die Dauer nicht befriedigt. Der Mann hat es deshalb schwerer, zu Hause zu bleiben, als die Frau, die weit weniger von diesem chronisch sich anmeldenden Explorationsdrang angetrieben wird. Die Possessivität der Frau gegenüber ihrem Mann ist da ein Stein auf dem Weg zur männlichen Persönlichkeitsentwicklung, über den er leider nur allzu oft stolpert.

Daß Frauen stets zur falschen Zeit mit Diskussionswünschen an den Mann herantreten, ist bekannt. Sie wollen den

Mann in die Psychologie hineinholen, nächtelang über ihre Beziehung diskutieren. Männer finden das ziemlich nervtötend. In dem Irrglauben, es müßte über alles geredet werden und der Mann solle auch der beste Freund sein, dem man alles erzählen muß. Aber für Männer gilt noch oft der Grundsatz, den *Arnold Lazarus* in seinem Buch »Fallstricke der Liebe« beschrieben hat, daß sie glauben, die Beziehung sei in Ordnung, wenn man nicht darüber spricht, und sie sei nicht mehr in Ordnung, sobald man darüber »reden muß«.

Frauen schätzen es nicht, allein herumzusitzen und sich mit sich selbst zu beschäftigen. Immer soll der Mann dabei sein. Die Isolations- und Trennungsangst der Frau ist ihr wesensgemäß. Sie leidet darunter weit mehr und öfter als der Mann. Zudem ist ihre Libido – die nicht etwa weniger stark wäre als beim Mann, im Gegenteil – weniger flexibel in bezug auf den Wechsel der Liebesobjekte. Die Frau bindet die Menschen und Dinge an sich und will sie dann auch nicht mehr loslassen: ein großes Handicap in so mancher Beziehung. Denn wenn ein Mann allzu oft und allzu stark festgehalten wird, drängt er um so mehr nach außen. Der Teufelskreis nimmt seinen Lauf: Je mehr der Mann sich entzieht, desto mehr hält ihn die Frau fest, je mehr sie sich an ihn klammert, desto mehr glänzt er durch Abwesenheit. Psychotherapeuten kennen diese Gesetzmäßigkeiten aus der Technik der »paradoxen Intervention«, die darauf abzielt, daß der Klient oft überraschend eine andere, neue Haltung einnehmen kann, sobald man ihn nicht mehr dort festhält, wo er sich chronisch festzubeißen scheint.

Warum es diese Unterschiede gibt? Wir wissen es nicht. Es gibt Dinge im Leben, die man nicht erklären kann und die auch keiner Erklärung bedürfen, weil sie zur Natur gehören. Da die Frau eine eher zentripetale, also eher nach innen und auf den Nahraum gerichtete Orientierung hat, wird sie die Bezugspersonen, auch ihre Kinder, an sich binden und in ihrem inneren Kreis festzuhalten versuchen. Die zentrifugale Orientierung des Mannes aber veranlaßt ihn, immer wieder auszubrechen. Was nicht unbedingt sexuelle Untreue bedeuten muß, die ja heute auch nicht mehr nur auf Männer beschränkt zu sein scheint, da bereits 70 % aller Ehefrauen zeitweise einen Liebhaber haben sollen *(Anja Meulenbelt)*.

Frauen werden protestieren, wenn man ihnen sagt, sie hätten eine vorwiegend zentripetale, d. h. eine nach innen gerichtete Orientierung. Daß es aber gerade in diesem Zusammenhang bereits im Schulalter grundlegende Unterschiede zwischen Jungen und Mädchen gibt, kann nicht erstaunen. Es dürften kaum der Erziehung anzurechnende Unterschiede sein, sondern genuine. *Erik H. Erikson* hat das nachgewiesen. Er hat Mädchen und Jungen in der Vorpubertät mit Hilfe projektiver Tests untersucht. Das Resultat: Mädchen betonen den inneren, Jungen den äußeren Raum. Gewisse Strukturen traten erstaunlich oft bei den Vertretern des einen Geschlechtes und selten bei den anderen auf. Bei Jungen befinden sich mehr Tiere und Menschen außerhalb ihrer Festung. Mädchen behalten ihre Objekte lieber im Innern des Hauses.

In der Männerwelt geht es darum, wer den besseren und schnelleren Funken hat, wer am weitesten kommt, und wer am meisten Neuigkeiten hervorrufen kann. In der Frauenwelt ist von großer Bedeutung, wer am meisten von einem Mann bekommt, wer am anziehendsten für einen Mann ist, wer den besseren und fruchtbareren Innenraum besitzt. Dieser Innenraum wird aber nur dann fruchtbar, wenn die Frau das Begehren eines Mannes zu wecken in der Lage ist und wenn sie auch bereit ist, den »Funken« des Mannes in sich aufzunehmen, dies im realen wie im übertragenen Sinn. Die Frau kann aus wenig sehr »viel« machen, während der Mann immer noch in der

Gegend herumschwadroniert. Ohne Funken aber dürfte es auch der begabtesten Frau kaum möglich sein, etwas wirklich Geniales zu produzieren. Und umgekehrt.

Die Verständigung der Geschlechter ist ein leidiges Thema, das den Frauen oft mehr als den Männern zu schaffen macht.

Ein Beispiel: »Hans kann mich einfach nicht verstehen«, stöhnt Elena. »Ich habe so oft versucht, mit ihm zu reden, vergeblich. Er hört manchmal einfach nicht zu. Wenn ich ihn frage, worüber ich gerade sprach, kann er den Inhalt sogar wiederholen. Das Erstaunliche aber ist, daß alles an ihm herabrinnt. Es gibt Momente, da könnte ich ihn vor Wut schütteln, und muß mich dann beherrschen. Mit Frauen kann ich viel besser über persönliche Dinge sprechen. Aber ich möchte, daß Hans meine Situation begreift, daß er sieht, wie schwer es ist, den ganzen Tag allein mit den Kindern zu sein. Daß er auch spürt, wie einsam das Ganze ist, und wie viele Opfer ich dafür bringe. Ich wünschte, daß er etwas weniger arbeitet, mehr mit mir zusammen ist, und sich auch mehr um die Kinder kümmert. Aber er reagiert gar nicht, sitzt da und benimmt sich wie ein höflicher, liebevoller Stockfisch, der mich immer auf später vertröstet. Es ist eine ewige Einbahnstraße, diese endlosen Diskussionen, die uns beide aufreiben und schlußendlich zu nichts führen. Höchstens daß wir beide zerstritten im Bett liegen, er wunderbar neben mir eingeschlafen ist, und ich die ganze Nacht kein Auge zukriege, weil ich immer noch nach einer Lösung suche.«

Was bringt Elena und Hans in solche Differenzen? Hans ist kein schlechter Ehemann, und Elena scheint auch nur das Beste für alle anzustreben. Nur wissen beide wenig über die unterschiedliche Psyche von Mann und Frau. Hans weiß zwar, daß seine Frau ein großes Bedürfnis nach gemeinsamen Worten hat. Er versteht aber nicht, warum Elena derart erpicht ist, ihn bei jeder Gelegenheit darauf aufmerksam zu machen, daß er so wenig zu Hause ist. Wo sie doch eigentlich weiß, daß er an seiner Situation in den nächsten Jahren kaum etwas ändern kann, will er die Familie wie bis dato finanziell durchbringen. Elena will auch nicht außer Haus arbeiten. Die Betreuung ihrer Kinder will sie niemandem überlassen. Hans fragt sich oft, was Elena dennoch immerzu in den verbalen Geschlechterkrieg treibt.

Die meisten Frauen haben schon immer gewußt – bewußt oder unbewußt –, daß sie eine andere Sicht der Dinge haben als der Mann. Daß sie die Welt mit anderen Wertvorstellungen, anderen Prinzipien und einem anderen Verständnis zwischenmenschlicher Beziehungen begreifen. Und daß diese sich in der Regel grundlegend von denen ihrer Männer unterscheiden. Nicht zuletzt führt das zu einer gewissen Einsamkeit der Geschlechter, zumindest zu dem Gefühl eines Mangels an emotionaler Nähe. Die Frau fühlt sich nicht verstanden, der Mann fühlt sich allein.

Bei Elena und Hans geht es nicht um den Konflikt: Wer ist mehr zu Hause? Was man zunächst vermuten würde. Elena kämpft. Sie will etwas von Hans, und kann es selbst nicht recht benennen. Es ist ihr auch nicht bewußt, was sie wirklich von ihrem Ehegatten einfordert. Elena möchte, daß Hans sich in ihr Nest, in ihr Zuhause begibt. Sie ist zentripetal orientiert, will ihn deshalb in ihren Kreis hereinholen, um ihn bei sich zu haben und seine Nähe zu spüren. Für Elena ist es wichtig, daß Hans sich in ihrem häuslichen »Nest« umschaut: daß er sich für ihre Umgebung interessiert, daß er die Bilder anschaut, die sie ihm aus ihrem Alltag mit Worten zeigt. Sie hat wie viele Frauen ein ausgesprochenes Bedürfnis, ihr Nest zu harmonisieren. Er soll zuhören, und beim Zuhören auch mitgehen, sich von Elenas Schwingungen im Raum tragen lassen. So käme er hinein in Elenas geheime Gemächer, die von ihm entdeckt werden sollen. Das ist nicht eine direkte sexuelle Nähe, für Elena aber dennoch eine erotisch gefärbte Nähe. Der Raum, das Gefäß, in das Elena ihren Mann hineinziehen will, soll nicht leer bleiben. Es will gefüllt werden mit der Präsenz des männlichen Du in diesem weiblichen Raum. Frauen wollen von Männern oft gar keine Lösungen für ihre Probleme, sondern nur, daß der Mann ihnen zuhört und emotional mitgeht.

Männer hingegen haben ein anders geartetes Bedürfnis nach Nähe als Frauen. Ein Mann kann sich seiner Frau sehr nahe fühlen, wenn er im Flughafen auf einer Geschäftsreise ein schönes Geschenk für sie entdeckt, von dem er glaubt, es sei das Nonplusultra für seine Frau. Oder wenn er ihr gerade eine Karte schreibt. Dann geht er zur nächsten Sache über und denkt nicht mehr an seine Liebste. Um sich nahe zu fühlen, ist der Mann oft viel unabhängiger von körperlicher und räumlicher Nähe und auch vom Gespräch.

Bei der Frau hingegen ist das Fühlen und Denken viel kontext- und auch personenbezogener. Während der Mann sich überlegt, wie er den nächsten Gipfel am besten und schnellsten besteigen kann, nimmt die Frau die nahe Umgebung um sich herum viel schärfer und konturierter wahr. Sie bemerkt auch die kleinsten Veränderungen viel schneller als ein Mann. Ein naturbedingter Unterschied? Weil Frauen die Bewegungen des kleinen Kindes scharf beobachten müssen, um es vor Gefahren zu schützen? Vielleicht. Jedenfalls wurden diese Unterschiede in zahlreichen wissenschaftlichen Tests mit hoher Signifikanz festgestellt.

»Gleichheit impliziert nicht die Leugnung von Unterschieden«, meint *Erich Fromm,* »sondern die Möglichkeit zu deren vollster Verwirklichung.« *Fromm* vertritt die These – und dieser Meinung schließe ich mich an –, daß gewisse biologische Unterschiede charakterologische Unterschiede zur Folge haben. Solche Unterschiede – soweit sie nicht von der Kultur bestimmt sind – bedeuten aber niemals Werturteile. Jeder sollte die Freiheit haben, so *Fromm,* seine besondere Individualität als Angehöriger seines Geschlechtes voll zur Entfaltung zu bringen. Von diesem Ziel sind wir in unserer westlichen Gesellschaft aber noch weit entfernt. Vor allem dann, wenn wir daran festhalten, Mädchen wie Jungen zu erziehen und Jungen wie Mädchen. Wo doch jedes Kind ein Anrecht darauf hätte, seinem Geschlecht und seinem Alter entsprechend erzogen zu werden.

Frauen entwickeln oft den Charakterzug der Genauigkeits-, Sauberkeits- und Reinlichkeitsliebe. Nicht selten läßt sich bei Frauen ein regelrechter Kontrollzwang beobachten, durch den so mancher Mann schon zur Strecke gebracht wurde. Denn Frauen entdecken eine Untreue ihres Mannes viel eher als umgekehrt. Nicht etwa, weil Frauen weniger fremdgehen, sondern weil sie besser beobachten können, genauer hinschauen, nonverbale Botschaften gezielter und treffender interpretieren. Wenn der Mann ihnen einen Blumenstrauß nach Hause bringt, freuen sie sich nicht unbedingt darüber, sondern wittern schon die dahinter steckenden Schuldgefühle, die er wegen seiner Eskapaden bei der letzten Geschäftsreise hat. Frauen beobachten genau: seinen Blick, seine Stimme, seinen Gesichtsausdruck, seinen Geruch. Als sinnlich hochbegabtere Wesen kommen Frauen einem untreuen Mann schneller auf die Spur als er ihnen. Frauen selbst sind daher auch viel geschickter im Kaschieren und Überspielen und würden sich niemals in ähnlich peinliche Situationen hineinmanövrieren.

Diese Unterschiede werden von den Erkenntnissen der modernen Hirnforschung – die auch auf andere fundamentale

Differenzen zwischen den Geschlechtern hinweist – vollauf bestätigt: Frauen haben mehr Intuition und ein ganz besonders raffiniert entwickeltes Sinnessystem, und zwar auf Grund von physiologischen Unterschieden der Tätigkeit beider Hirnhälften.

So sind Mädchen in der Regel sprachlich begabter, können sich im Gespräch meist besser ausdrücken als Jungen, während sie in Mathematik in der Regel mehr Probleme haben. Das weibliche Gehirn arbeitet ganzheitlicher, indem es mehr Querverbindungen zwischen der rechten und der linken Gehirnhälfte herstellen kann. Das hat selbstverständlich Vor- und Nachteile. Der Mann hat mehr Affinität für die Dreidimensionalität des Raumes und hat ein größeres Vorstellungsvermögen für die Veränderung von Körpern im Raum. Hier wird die Stärke des Mannes für Fragen des Wandels, der Veränderung, Bewegung etc. deutlich.

Das männliche Denken arbeitet fokussierter. Daher kann sich der Mann auch besser Distanz zu einer Sache verschaffen und sie »kühl« analysieren. Die Fähigkeit des Mannes, sich von der Umgebung abzugrenzen, davon zu abstrahieren und ein bestimmtes Ziel zu verfolgen, verleiht ihm die ganz bestimmte Begabung, sich fokussiert zu konzentrieren. Die Frau kann sich weniger gut von ihrer Umgebung abgrenzen, denkt vernetzter, globaler, weniger linear.

Man hat dieses besondere ganzheitliche Denkpotential der Frauen in der Wirtschaft entdeckt und verspricht sich viel davon. Auch von der sogenannten weiblichen Intuition, gepaart mit scharfem weiblichem Verstand, einem Verstand, der in der Lage ist, über das Corpus colosum (Balken zwischen den beiden Hirnhälften) schnellere und zahlreichere Verbindungen herzustellen als der Mann, bei dem beide Hirnhälften »getrennter« arbeiten sollen.

Ob Feministinnen diese Unterschiede akzeptieren können? Es wäre zu wünschen. Genauso, wie man erhoffen möchte, daß Frauen ihre ureigensten Fähigkeiten vermehrt entwickeln, pflegen und leben und nicht weiterhin durch eine einseitige »Frauenpresse« dazu gedrängt werden, in eine männliche Welt vorzudringen, die ihrem weiblichen Wesen nicht entspricht. Frauen müßten dafür kämpfen, daß sich der öffentliche und der private Raum in ihrem Sinne verändern, daß ihre genuinen weiblichen Bedürfnisse mehr zum Zuge kommen.

2. Weibliches und männliches Prinzip

Weibliche Anteile hat jeder Mann, und männliche Anteile hat auch die Frau. Die Frage der Gewichtung dürfte dabei entscheidend sein. *Donald W. Winnicott* – der berühmte englische Kinderpsychiater und Psychoanalytiker – bezeichnet das »Sein« als das reine weibliche Element oder den reinen weiblichen Anteil in der Psyche des Menschen. Sein ist weiblich, Tun ist männlich. Der männliche Anteil »handelt«, während der weibliche »ist«. Das Sein ist nach *Winnicott* die Grundlage für die Entdeckung des Selbst und für die Gefühle der eigenen Existenz, darüber hinaus für die Fähigkeit, ein Inneres zu entwickeln, etwas in sich aufzunehmen, die Mechanismen von Introjektion und Projektion einzusetzen und mit der Welt durch Introjektion und Projektion in Beziehung treten zu können. Der Ursprung all unserer Welterfahrung liegt nach *Winnicott* im Sein. Das Kind ist völlig von einem ganz speziellen Angebot der Mutter abhängig, durch das sie die frühesten Funktionen des weiblichen Anteils befriedigt. Zu Anfang ist das Sein, dann das Handeln und das Tun.

Was kann man daraus schließen? Daß auch die Frau – nicht

nur der Mann, wie so viele fälschlicherweise annehmen – den weiblichen Anteil bei sich selbst entwickeln muß, und daß sie auch den männlichen Anteil nicht vernachlässigen sollte. Viele Männer – so *Winnicott* – beneiden Frauen um ihren weiblichen Anteil, zu Unrecht, weil der weibliche Anteil bei Frauen bisweilen gar nicht entwickelt ist.

Eine andere Betrachtungsweise ist folgende: die Einteilung in ein männliches und in ein weibliches Prinzip. Zum weiblichen Prinzip gehört die Fähigkeit des Bewahrens und Aufnehmens, zum männlichen Prinzip die Tendenz zur Bewegung, zum Handeln, zur Veränderung, zum Tun. Das männliche Prinzip entspricht der Bewegung, nicht der Ruhe. Das Männliche will in Bewegung kommen, fließen, stürmen und erstürmen. Wenn der Mann daran gehindert wird, in untolerierbarem Maße von der Frau festgehalten wird, wird er todunglücklich sein. Das weibliche Prinzip ist die Harmonie, das Männliche die Disharmonie. Die Frau macht aus wenig viel, der Mann ist verschwenderisch.

Wir finden die Prinzipien der Weiblichkeit und Männlichkeit überall in der Natur. Unser kollektives Unbewußtes oder unser phylogenetisches Erbe bergen uraltes Wissen über die Qualität von Weiblichem und Männlichem in sich. Wir haben ein unbewußtes Verständnis, das in uns schlummert: für Bewegung, für Empfängnis und Befruchtung, für die Stille und das Warten, für die Notwendigkeit der Trennung und Veränderung, aber auch für das Bewahren, für die Kontinuität. Wir wissen auch, daß in jedem Anfang schon ein Ende ist, auch wenn wir dies zunächst erfolgreich verdrängen. So können Gefühle der Sehnsucht, Wehmut, Trauer etc. ausgelöst werden, ohne daß wir genau wissen, woher diese kommen.

Ruhe und Ordnung sind weibliche Gesetze. »Schuster, bleib bei deinen Leisten« dürfte ein typisch weiblicher Spruch sein.

Nicht aus der Reihe tanzen, sich auf das konzentrieren, was im Moment da ist: All das ist weiblich. Aushalten, beharren, bewahren, halten. Dies wiederum entspricht der bekannten Tatsache, daß die Frau den Mann gern festhält und auch mehr unter Trennungen leidet. Die Stärke eines erwachsenen Menschen läßt sich daran messen, inwieweit er dem weiblichen und dem männlichen Prinzip unter seinem Dach – in seinem Inneren – einen Platz zu geben vermag, inwieweit er beide seinem Geschlecht entsprechend integriert hat.

Der Psychotherapeut, der einen depressiven Menschen »hält«, muß über ein sehr gut integriertes weibliches Prinzip verfügen, unabhängig davon, ob es sich um einen Psychotherapeuten oder eine Psychotherapeutin handelt. Normalerweise wird der depressive Mensch vertröstet. Wir geben ihm Ratschläge, motivieren und aktivieren ihn, weil wir ihn nicht »halten« oder aushalten können.

Beide Prinzipien lassen sich sowohl bei der Frau wie beim Mann vorfinden, wenn auch mit unterschiedlicher Gewichtung. Die Frau kann das männliche Prinzip bei sich mehr oder weniger stark entwickelt haben. Dominiert es zu sehr, kommt das weibliche Prinzip zu kurz. Es kann aber auch gut ausgeprägt sein und sich positiv auswirken, vorausgesetzt, die weibliche Geschlechtsidentität ist gut etabliert und sicher verankert. Was heute eher zu wünschen übrig läßt, denn das männliche Prinzip dominiert überall: bei der Frau und auch sonst in der Gesellschaft. Das zugleich vorliegende Defizit des weiblichen Prinzips bei beiden Geschlechtern und überall auf der Welt läßt nichts Gutes ahnen.

Mit dieser polaren Aufteilung ist keine Wertung verbunden. Genauso, wie blau nicht gleich rot ist, ist rot nicht besser als blau. Es braucht beides. Eine Stimme tönt für uns auch nicht angenehm, wenn nur hohe oder nur tiefe Töne vertreten sind.

Wenn eine Stimme nicht moduliert ist, ist sie monoton: Wir langweilen uns und schlafen ein. Melodiös ist eine Stimme, wenn sie hohe (weibliche) und tiefe (männliche) Töne vereint, also Zwischentöne in Abstufungen hat.

Harmonie können wir dann besonders gut wahrnehmen, wenn das männliche und das weibliche Prinzip sich in einem Gleichgewicht befinden, wenn sie mehr oder weniger gleichwertig vertreten sind, etwa in der Kunst. Ein Bild wirkt für uns harmonisch, wenn sich Elemente im Bild wiederholen (weibliches Prinzip) und wenn gleichzeitig etwas Neues Spannung in die Ruhe hineinbringt (männliches Prinzip). Ähnlich verhält es sich mit den Farben: Ein Tupfer Rot in einem sonst andersfarbigen, ruhigen Bild gibt dem Bild eine Intensität, die es ohne dieses Eindringen des männlichen Prinzips nicht hätte. Auf der anderen Seite wirkt ein reines Bewegungsbild auf den Betrachter unruhig. Das weibliche Prinzip ist dann im Bild zu wenig vertreten. Dem Zuschauer wird zu wenig Ruhe gespiegelt.

Wir leben heute in einer Kultur, in der das Chaos überwiegt, in der Reizüberflutungen kontinuierlich über uns einstürzen und in der das weibliche Prinzip zu kurz kommt bzw. ganz fehlt und eben nicht einmal bei der Frau gut integriert ist. Auch in der modernen Malerei ist das männliche Prinzip dominant. Das 20. Jahrhundert ist das Jahrhundert der Dekonstruktion. Alles wird aufgehoben, verändert, demontiert, und eben nicht – wie es dem weiblichen Prinzip entspräche – bewahrt. Am Beispiel des Massakers von Luxor (Ägypten): Die Leute hielten an ihrem Reiseprogramm fest. Die Tempel wurden weiter besucht, als sei nichts geschehen. Wenigstens blieben die Touristenbasare am Westufer des Nils am Tag nach dem Attentat geschlossen. »Mubarak zeigte sich darüber wenig erfreut. Er meinte, das Leben müsse weitergehen. Vor laufender Kamera forderte er die Besitzer auf, ihre Läden wieder zu öffnen . . .« (Neue Zürcher Zeitung vom 20. 11. 1997): ein Beispiel für die Vernachlässigung des weiblichen zugunsten des männlichen Prinzips.

Wirklich optimal ist es, wenn beide Prinzipien miteinander in einem Gleichgewicht stehen, wenn Mann und Frau ihre Stimme bei derselben Sache zusammen einfließen lassen. Deshalb ist es für unsere Gesellschaft so verheerend, wenn Frauen nun auch lauthals das männliche Prinzip verkünden, ohne es selbst zu merken.

Das Spielerische aber – und hier sei wiederum *Winnicott* erwähnt, der die Theorie des intermediären oder des spielerischen Raumes entwickelt hat – integriert beide: das Männliche und das Weibliche.

Das Spielerische überhaupt zeugt von einer guten Integration vom weiblichen und männlichen Prinzip: Es ist weder Starrheit noch Bewegung allein. Bemerkenswert ist auch Folgendes: In dem Moment, wo beide polare Gegensätze zusammenkommen, sind wir ungeheuer berührt. Dann wird Wahrheit offenbar. Ein gutes Beispiel dafür ist der hervorragende Film von *Mike Leigh,* der 1996 in unseren Kinos lief: Eine zur Adoption freigegebene Tochter sucht ihre leibliche Mutter. Sie findet sie. Die Mutter erweist sich als schwierige Person, mit vielen persönlichen Problemen, nicht gerade das, was man sich unter einer tollen Mutter vorstellt. In dem Moment aber, in dem die Mutter – die zunächst von ihrer Tochter nichts wissen wollte – sich zu ihr bekennt, sie als Tochter anerkennt und gleichzeitig die Tochter die Mutter als ihre Mutter anerkennt und damit aufwertet, kommt es zu einem Höhepunkt der Gefühle des Glücks. Auch die Traurigkeit der Situation wird im Film nicht untergraben. Wenn die Adoptivtochter ihre lang gesuchte Mutter wirklich findet, und beide sich bejahen und

anerkennen, hat der Zuschauer ein Gefühl tiefster Ergriffen-
heit.

Es wäre wünschenswert, wenn die natürlichen Anlagen der
Frauen in ihren Tätigkeiten inbegriffen und integriert wären.
Frauen sollten sich nicht mehr männlichen Beschäftigungsmo-
dellen anpassen, sondern lernen, diese Aufgaben den weiblichen Bedürfnissen anzupassen. Sie sollten ihre natürlichen
Neigungen, Vorlieben und Prädispositionen bewahren und
kultivieren.

Insgesamt hieße dies, daß die Gesellschaft vermehrt die
Bedürfnisse der weiblichen Psyche berücksichtigen muß. Anstatt das zu erstreben, was Männer schon haben, ginge es
darum, einen eigenen weiblichen Weg zu gehen.

3. Das brachliegende Selbstwertgefühl der Frau

Eigentlich haben Frauen eine stabilere Identität als Männer,
sagt die Psychoanalytikerin *Agnes Oppenheimer,* die sich
eingehend mit Fragen der Geschlechtsidentität beschäftigt hat.
Auch der Jugendpsychologe *Allan Guggenbühl* betont in seinem in einschlägigen Frauenkreisen große Empörung auslö-
senden Buch »Männer, Mythen, Mächte«, daß Frauen »aus
sich selbst heraus schöpfen«, während Männer immer auch
Mythen brauchen, um sich in dieser Welt zurechtzufinden.
Männer müssen Pläne machen, Abenteuer austüfteln, Welt-
oder Sachveränderungsprojekte ausdenken können. Frauen
sollen viel mehr aus sich heraus leben können. Frauen arbeiten
aus psychologischen Motiven, Männer suchen in der Arbeit
Anschluß an einen Mythos.

Man kann damit einverstanden sein oder auch nicht. Wenn
es wirklich so sein sollte – und dies würde sich mit der stabi-

leren Identität von *Oppenheimer* decken –, so muß es sich wohl um stark verschüttete weibliche Urkräfte handeln. Denn betrachtet man die Frauen von heute, gewinnt man kaum den Eindruck, daß sie aus sich selbst heraus schöpfen und selbstbewußt sind. Denn vordergründig aufgestellt und »selbstbewußt« nach außen heißt noch lange nicht auch selbstbewußt im Inneren. Was nach außen demonstriert wird, ist oft nur eine Flucht nach vorne. So als sei alles in bester Ordnung. Dahinter stecken dann leider nur allzu oft das heulende Elend und eine bestürzende Leere.

Wie sonst sollen wir etwa die um sich greifenden, immer zahlreicher werdenden weiblichen Eßstörungen – von der Magersucht bis zur Bulimie – verstehen, wenn nicht als gravierende Störung der Beziehung zum eigenen Körper und zum eigenen Selbst? Junge Frauen greifen zur Beruhigungspille Nahrung und stopfen alles in sich hinein, was ihnen an Eßbarem begegnet, um es dann gleich wieder zu erbrechen. Daß so etwas ins Geld geht, spüren vor allem die Väter: 3000 DM pro Monat für die benötigten Eßwaren einer jungen Frau, die nur kurze Zeit im Magen bleiben, sind keine Ausnahme. Aber auch sonst hat man heute selten den Eindruck, daß Frauen aus sich heraus leben oder auf einer gut fundierten weiblichen Identität aufbauen können. Oft werden Frauen erst mit der Menopause – so paradox das klingt – richtig selbstbewußt, klar und stark in ihrer Ausstrahlung. Während viele jüngere Frauen sich mit ihrem Selbstwert herumplagen, angefangen beim Körper, mit dem sie nie zufrieden sind, bis zum Gefühl des Niegenügens in allen Bereichen ihres Lebens. Was man ihnen im übrigen nicht unbedingt ansieht, denn Frauen sind Weltmeisterinnen im Kompensieren und Projizieren. So wird der Mangel oft auch dort wahrgenommen, wo er gar nicht ist: beim Mann. Man kann sich fragen, ob die modernen Eßstörungen nicht die

Kehrseite einer geistig-seelischen Ernährungsstörung junger Frauen sind. Bedingt durch einen Mangel an Zuwendung in der frühen Kindheit – einem Defizit in der Mutter-Tochter-Beziehung –, aber auch durch das Defizit an Anerkennung weiblicher Werte im allgemeinen und das Fehlen der Repräsentation des weiblichen Prinzips überall in unserer westlichen Kultur.

In einer Kultur, in der das weibliche Prinzip kaum noch vertreten ist und sogar dort, wo man es am ehesten vermuten würde – im Feminismus –, völlig ignoriert wird, müssen Orientierungsstörungen auftreten. Bei beiden Geschlechtern, weil beide Geschlechter von beiden Prinzipien abhängig sind. So hat die Frau sich von sich selbst entfremdet und kennt nicht einmal mehr die Grundbedürfnisse einer weiblichen Identitätsbildung und -pflege. Und der Mann verliert sich in einer Welt, in der er das weibliche Prinzip nicht mehr gespiegelt bekommt.

Das weibliche Prinzip braucht Raum, und auch Zeit. Heute aber müssen junge Frauen sich wie junge Männer verhalten, im Konkurrenzkampf um den Arbeitsplatz, den Lohn, die Anerkennung von außen. Alles muß schnell und speditiv geschehen. Dem weiblichen Bio-Psycho-Rhythmus wird so nicht mehr Genüge geleistet. Stellen sich die ersten Symptome einer Selbstwertstörung ein, so wird schnell und munter nach dem männlichen Prinzip trainiert: In Psycho- und sonstigen Kursen wird atemlos nach dem wahren Selbst gesucht, werden aggressive und fordernde Selbstbehauptung geübt, in Coachings wird der »richtige«, sprich männliche Umgang mit Kunden und Mitmenschen exerziert. Frauen suchen nach ihrem Selbstwert, nach Werten und Idealen an Orten, die mit der weiblichen Natur und ihrer Schöpfungskraft nicht mehr viel zu tun haben. Frauen besitzen eine ganz andere Sieger- und Konkurrenzorientierung als Männer *(Gertrud Höhler)*. Es ist ihnen nicht gedient, wenn sie sich nach männlichen Maßstäben verhalten müssen.

Um ihre schöpferische Kraft zu erhalten und ihre kreative Freiheit zu gewährleisten, sowie sich als feminines Wesen in den tiefsten Gründen ihres Wesens zu finden und zu verankern, muß sich die Frau selbstverständlich gegen die Bevormundung des Mannes zur Wehr setzen. Wobei die Situation sich heute eher in der umgekehrten Variante präsentieren dürfte, daß nämlich der Mann sich der Bevormundung durch die Frau erwehren muß. Vor allem aber sollte die Frau vor der öffentlichen Frauenmeinung, die aus den Frauen männlich orientierte Geschöpfe machen will, auf der Hut sein.

Die Frau sieht sich zwar gern als autonomes Wesen. In Tat und Wahrheit ist sie aber selten wirklich autonom, mit der Bürde an Verantwortung, Selbstbewußtsein, aber auch Einsamkeit und Isolation, die diese Position beinhaltet.

So muß die moderne Frau sich weniger gegen patriarchale Strukturen wehren denn gegen die versteckt frauenfeindlichen Frauenmythen unserer Zeit und gegen die feindseligen Einmischungen ihrer Geschlechtsgenossinnen in ihr Privat- und Berufsleben. Die Penetration in die intimsten Windungen unseres Wesens und die Offenlegung privater Angelegenheiten in der breiten Öffentlichkeit – heutzutage hat man ja »offen« zu sein – sind auch so eine Errungenschaft, die wir der Dominanz des männlichen zu Ungunsten des weiblichen Prinzips zu verdanken haben. Auch Frauen machen da munter mit und packen ihre Intimwäsche vor allen Leuten am Fernsehen aus. Dann wundern sie sich, wenn es ihnen nachher schlecht geht.

Solange die Frau immer noch Märchenprinz- und Beschützerträume hat, solange sie das Stärkere im Mann oder in der Frauenbewegung sucht, solange wird sie zur Komplizin ihrer eigenen Entfremdungszustände. Weder das einseitige Verharren in der ideologisch induzierten Opferposition noch die »Selbstintensivierung« – um einen Begriff von *Peter Sloterdijk* zu nehmen – können sich positiv auf das Selbstwertgefühl der Frau auswirken. Solange die Frau gegen den Mann arbeitet, wird sie sich selbst nicht finden können. Echte weibliche Autonomie zeigt sich nämlich gerade darin, daß Abhängigkeiten zugelassen und Grenzen des eigenen Geschlechtes akzeptiert werden. Solange die Frau sich als des Mannes Opfer sieht, kann sie ihre Potenzen ihm gegenüber gar nicht wahrnehmen. Denn Frauen hatten nicht nur bei Adam und Eva, sondern haben auch heute noch einen enorm großen Einfluß auf Männer. »Ein edler Mann wird durch ein gutes Wort von Frauen weit geführt«, heißt es in einem alten Sprichwort. Würden Frauen diesen Einfluß auf Männer nicht immer wieder mit Hilfe der immer wieder beklagten Opferposition verleugnen, könnten sie schon ein gutes Stück an Selbstsicherheit zurückgewinnen.

Die Hilflosigkeit und Unsicherheit aber, in die sich viele Frauen begeben, ist auch ein Ausdruck der Flucht vor der Verantwortung im zwischenmenschlichen Bereich und sich selbst gegenüber. Verantwortung aber schafft Selbstbewußtsein. Das sieht man bei positiv identifizierten jungen Müttern besonders gut: Sie strahlen eine Lebensfreude und Schönheit aus, die ihresgleichen sucht. Durch die Geburt bekommen diese Frauen mehr Energie, als sie je zuvor hatten. Und die tagtäglichen zahllosen Stimuli, die sie von ihren Babys erhalten, bringen ihre Gehirne rechts und links auf Trab, wie es sonst im Beruf kaum der Fall sein dürfte.

Frauen jedoch scheinen nicht den Mut zu haben, ihre anders gebaute Intelligenz, die sie gerade mit Hilfe von Kindern schulen können, effizient einsetzen zu wollen. Auf Teufel komm raus muß auch hier das männliche Denken an erster Stelle stehen: Wehe für diejenigen Frauen, die das nicht schaffen, weil sie sich noch näher bei ihrer weiblichen Natur befinden! Früher oder später wird eine solche »Vergewaltigung« weiblicher Potenzen zu Selbstwertstörungen führen.

Es fehlen echte weibliche Vorbilder. Es mag sie für einzelne Lebensetappen geben. Aber ein der Frau angemessener Lebensentwurf kann niemals gradlinig aussehen, wenn er Mutterschaft, Beruf, Partnerschaft, Weiterbildung etc. integriert. Gerade dort fehlt es einerseits an Modellen und positiven Orientierungen, andererseits – und das ist viel gravierender – an weiblichen Idealen. In der Regel lebt die Frau heute nach männlichen, nicht nach weiblichen Idealen. Somit wird eine ganze Ära mütterlichen Erbes weggeblasen und zu Tode gebracht. Was unsere Mütter und Großmütter taten, das ist für viele moderne Frauen völlig uninteressant, langweilig, altmodisch. Sie sind oft noch sehr im Nein der Mutter gegenüber verhaftet. Die Ambivalenz gegenüber dem mütterlichen Prinzip ist bei Frauen ausgesprochen stark, oft ein ganzes Leben lang. Diese Ambivalenz zu lösen ist eine ernsthafte Aufgabe, an der keine Frau – will sie zu einer positiven weiblichen Identität gelangen – vorbeikommt. Denn Frauen können nur über die Schiene des mütterlichen Prinzips zu sich selbst finden. Solange noch eine Ablehnung der Mütter und der Weiblichkeit vorhanden ist, solange der Generationenunterschied nicht akzeptiert wird – um einen Satz von *Freud* zu paraphrasieren –, wird die Frau nicht »Frau im eigenen Haus« sein können, sich in ihrer Haut nicht wohl fühlen und aus dem Vollen ihrer weiblichen Energien schöpfen können.

4. Abbau von Tabuzonen und Vorurteilen über die Geschlechter

Wenn im letzten Jahrhundert das gesellschaftliche Bild der Frau auf ihre Funktion als Mutter und Hausfrau reduziert wurde, und wenn man auch heute noch der Frau weniger zutraut, als es den Tatsachen weiblicher Potenz entspricht, so hat die in der zweiten Hälfte des 20. Jahrhunderts feministische Trendwende in die entgegengesetzte Richtung geführt: Frauen sind nichts wert, wenn sie nur für Mann und Kinder da sind. Der dadurch entstandene Kränkungsdruck auf die nicht berufstätigen Frauen muß abgeschafft werden. Es gilt, die Frau in ihren verschiedensten Lebensphasen mit den entsprechenden dazu passenden Betätigungen anzuerkennen. Und auch und besonders die hohen psychischen und geistigen Anforderungen zu sehen, denen sie als Mutter und Erzieherin gewachsen sein muß. Die Mutter und Erzieherin als Trägerin der Kultur muß aufgewertet werden.

Kultur entsteht zunächst und in erster Linie in den Armen der Mütter. Sie legen den Grundstein für alle späteren, in Zusammenarbeit mit den Vätern und der Gesellschaft ermöglichten kulturellen Errungenschaften. Wo dieser Grundstein nicht entsprechend zur richtigen Zeit gelegt wird, entstehen Chaos und Strukturlosigkeit. Die Gesellschaft wird später indirekt für diese frühen Mängel zur Kasse gebeten. Demnach hätte auch die Gesellschaft die Verantwortung, Müttern die bestmögliche Unterstützung zukommen zu lassen und sie nicht daran zu hindern, für ihre Familie ein integratives Nest zu schaffen, sowie ihren Kindern die Liebe und Pflege zu geben, die sie für das Heranwachsen zu einem gesellschaftsfähigen Mitglied einer humanitären Kultur benötigen.

Das klingt aus der Sicht vieler Frauen wieder nach Altertum

und nach Pflicht. Mutterpflichten, Verantwortung, Sorge etc.: Davon wollten sich die Frauen ja gerade befreien. Das sollen sie im übrigen, aber nicht während der ersten sieben Jahre ihres Kindes. Das reklamierte Freiheitsrecht der Frau hat seine Grenzen im Kontext der Freiheitsrechte des Kindes. Das Kind hat einen Anspruch darauf, Kind zu sein und nicht als »Maschine« frühmorgens in die Versorgungsstätte einer Tageskinderkrippe geschickt zu werden, die nach den wissenschaftlichen Erkenntnissen der letzten Jahre den Bedürfnissen eines Kleinkindes in keiner Art und Weise gerecht werden kann.

Es ist etwa denkbar, daß man beispielhafte, positive Mutter-Kind-Szenen im Alltag, die von einer besonders hohen mütterlichen Kompetenz zeugen, jährlich mit einem Preis auszeichnet. So wie man den »Retter auf der Straße« mit einem Preis ehrt, könnte man auch besonders vorteilhafte Kommunikationsformen zwischen Mutter und Kind oder zwischen Mann und Frau anerkennen. Das würde endlich auch den Müttern und ihrer schwierigen Erziehungsaufgabe einen vermehrt gesellschaftlich anerkannten Charakter verleihen und ihrer Tätigkeit eine gewisse, so oft vermißte Öffentlichkeitsdimension geben. Eine solche Maßnahme könnte der Schaffung von Ideal- oder Vorbildern dienen, über die junge Mütter sich identifikatorisch das ihnen oft fehlende Interesse und die Bestätigung ihrer anspruchsvollen Aufgabe verschaffen.

Andererseits sollten junge Mütter nicht nur ideell, sondern auch ökonomisch vom Druck des Geldverdienens befreit werden. In gewissen europäischen Ländern gibt es Modelle, die es einer jungen Mutter ermöglichen, bis zu drei Jahren auf ihre Stelle zu verzichten, sie nach Ablauf ihrer Babyzeit aber wieder zu erhalten. Das gestattet ihr die so notwendige Regression mit dem Baby und, die ersten Jahre für ihr Kind da zu sein. Für diese Zwischenzeit gibt es infolge hoher Arbeitslosigkeit genügend qualifizierte Kräfte, die gerne für zwei bis drei Jahre einspringen, so daß der Arbeitgeber keine Verluste in Kauf nehmen muß.

Die Frau als Mutter sollte sich nicht nach den ökonomischen Prinzipien unserer Gesellschaft richten müssen. Sie sollte ihre Unabhängigkeit bewahren können, um ihrer Aufgabe gerecht zu werden. Selbstverständlich geht es nicht an, der Mutter ihre Verantwortung – auch finanzieller Art – gänzlich abzunehmen, wie das so oft gefordert wird. Eine gewisse Vorsorge im Hinblick auf die Mutterschaft sollte sie zusammen mit dem Vater selbst leisten.

Zudem gilt es, bei Männern Vorurteile abzubauen: so das Vorurteil, von dem bereits leider viele junge Männer infiziert sind, daß nichtberufstätige Mütter zwangsläufig uninteressant, langweilig werden und deshalb für den Mann an Attraktivität und Stimulationskapazität verlieren. So einfach ist es eben nicht. Wir haben gesehen, daß diese Vorurteile zum Teil von der Frauenbewegung selbst stammen und bei unzähligen Frauen ungeheuer viel Schaden angerichtet haben. Sie haben neue Denkfallen errichtet und den Frauen neue Zwänge aufgebürdet.

In der Betrachtung unserer Gesellschaft sind Frauen heute auf das Patriarchat fixiert. Mit jeder Fixierung aber, an der man festhält, verhindert man eine Entwicklung. So sind in diesem einseitigen Patriarchatsdenken massenweise Vorurteile über Männer und Frauen entstanden, negative Pauschalurteile, die eher Schaden als Nutzen bringen. Das Gesetz von Nehmen und Geben funktioniert auf die Dauer nur, wenn ein Fluß zwischen Geben und Nehmen besteht, wenn beides hin- und hergeht. Wenn Frauen heute nur fordern, d. h. nur »bekommen« oder nur »nehmen« wollen und den Männern nichts mehr zu »geben« bereit sind, landen wir zwangsläufig in einer

Sackgasse. In einer solchen Einbahnstraße weiblicher Forderungen muß es zu Stauungen und zum Chaos kommen. Mit den Auswirkungen haben wir heute schon zu tun. Das Ende echter Männlichkeit und Weiblichkeit ist bereits angekündigt. Es ist höchste Zeit, dieses Ende aufzuhalten.

5. Liebe: eine mißverstandene Größe?

Ich will hier nicht das Wort zum Sonntag predigen. Denn Liebe ist auch jenseits jeder Religion ein Begriff, der heute eher negative als positive Bedeutungen in sich trägt, die dieser Begriff nicht verdient. Liebe ist mittlerweile ein abgegriffenes Wort. In unserer westlichen Kultur wird Liebe als Gefühlszustand beschmunzelt, belächelt, infantilisiert. Liebe hat für uns mit Schwäche zu tun, obwohl sie vom Gegenteil zeugt: von Stärke. Gerne verschieben wir die Liebe auf frühere Zeiten, als wir noch »naiv« und unerfahren waren, oder wir reservieren sie für die Dichtung der Romantik.

Frauen verwechseln Liebe oft mit einer masochistischen Unterwerfungshaltung. Sie nehmen sogar an, sie würden eher zu viel als zu wenig lieben. Als könnte man je zu viel lieben. Als ob ein Zuviel an Liebe irgend jemandem schaden könnte. In Liebesfilmen, Frauenzeitschriften kommt das Wort Liebe sogar heute noch vor. Das ist bequem: Hinter der versteckten Position des Betrachters profitieren Frauen kurzfristig von einer Liebes-Identifikation, dann aber oft nur in der passiven Liebesform, die die Hauptfigur genießt, und streifen sie nach dem Film oder nach der Lektüre schnell wieder ab. Man sehnt sich nicht mehr, man fordert nur noch. Man liebt nicht mehr, will aber um so mehr geliebt werden.

Liebe als bewußtes Gefühl aber, als Liebesregung oder

Liebessehnsucht, deren Charakteristikum die aktive Form ist (aktiv ist dabei nicht mit Handeln gleichzusetzen), ist bei Frauen immer seltener anzutreffen. Als wäre die Liebe so gut wie ausgestorben. Als wäre die Liebessehnsucht ersetzt worden durch die Sehnsucht nach Liebe. Ein aktives Streben ersetzt durch die passive Wunschregung nach Liebe. Vom Liebessubjekt haben sich Frauen zum Objekt der Liebe gemacht, die sie mit lauten Worten bei den Männern einfordern.

Die Jagd nach Gefühlen der Männer ist eine moderne Lieblingsbeschäftigung von Frauen und der Mann zum Thema Nummer Eins aller Frauengespräche und zum »wissenschaftlichen« Untersuchungsobjekt ersten Ranges geworden. Mit Liebe dürfte das nicht mehr viel zu tun haben. Frauen könnten sich aber fragen: Wo stehe ich selbst? Statt dessen sind sie so überzeugt, daß sie nur noch sich selbst zu lieben haben, was dann auch wieder wenig mit Liebe zu tun hat.

Das Schreiben von Liebesgedichten – eine Sublimierungsform der Liebessehnsucht gegenüber dem Geliebten und zweifellos auch ein Kulturakt, früher von Liebenden praktiziert – gilt heute als von gestern, kitschig und löst Gefühle von Peinlichkeit aus. Wir befinden uns noch unter den Neandertalern, was die Haltung gegenüber unserer Emotionalität betrifft. Die Stärken und Schwächen unseres Gefühlslebens sind für viele Frauen zwar interessant, aber deren Bewußtwerdung überläßt man lieber anderen. Männer sollen Gefühle entwickeln, Frauen haben sie angeblich schon. Dabei wissen Frauen oft nicht, worüber sie reden, wenn sie von Liebe sprechen. Oft verwechseln sie das Haben von Gefühlen mit emotionaler Reife. Frauen reden gern über Gefühle, Männer nicht. Sie harmonisieren ihre Gefühlswelt, indem sie darüber reden. Frauen begeben sich auch eher in eine Psychotherapie, weil das Sprechen über Gefühle ihrem Wesen näherkommt. Für

Männer ist das nicht unbedingt der Fall: Sie müssen sich hierfür oft andere Dinge einfallen lassen.

Gefühle haben und sie zeigen ist nicht nur positiv. Nicht das Gefühlezeigen nach außen ist entscheidend, sondern wie man mit Gefühlen innerlich umgeht und in welchem Ausmaß man andere damit belastet. Die weitverbreitete Meinung von Frauen, Männer hätten »keine« oder weniger Gefühle als Frauen, zeugt von einem schwerwiegenden Irrtum. Männer gehen diskreter damit um. Und dürften dadurch an Tiefe eher gewinnen als verlieren.

Frauen haben sich wenig zur Liebe als Gefühlszustand geäußert. Ich muß deshalb die Worte eines Mannes beanspruchen, um zu zeigen, was mit Liebe gemeint sein könnte, wie man Liebe umschreiben kann: »Du schaust ihr ins Gesicht, und es öffnet sich deine Seele für sie. Du wirst stumm und weißt nichts mehr zu sagen, du fühlst dich wohl und glücklich, dies zu empfinden, du vergißt deine Probleme und die alltäglichen Dinge, es strömt ein Gefühl von Wärme, Harmonie, Anteilnahme von dir auf sie, ohne daß du dich fragst, ob sie dasselbe fühlt. Du empfindest dieses Strömen als ein Geschenk und forderst nicht dasselbe von ihr zurück, weil es ganz und gar unwichtig ist, solange dich dieses Gefühl ausfüllt. Es ist ein glückliches Staunen und gibt dir das Empfinden, daß dein Verhältnis zu ihr ganz und gar richtig ist, weil du dieses Gefühl, das aus Zärtlichkeit, Herzlichkeit, Wachheit, Bewußtheit, Freude, Glück und Lebendigkeit gemischt ist, gar nicht anders als Liebe deuten kannst. – Und die Liebe in dir zu ihr macht dich glücklich, nicht das eifersüchtige Fragen, ob sie dich noch liebt, das wirft dich aus der Bahn und stürzt euch beide in eine Spannung, in der Liebe sich nicht entfalten kann. Ich frage deshalb erneut: Liebst du sie in dieser Art?« *(Peter Lauster)*

Ein solches Strömen von Wärme und Anteilnahme, diese

Öffnung der Seele ist ein aktives Streben nach dem anderen. Erst durch diese Aktivität wird Liebe realisiert. Liebe fordert nicht, Liebe gibt, Liebe akzeptiert. Was nicht bedeutet, daß man sich nicht mehr für seine Anliegen einsetzen sollte. Aber das steht auf einem anderen Blatt.

Liebe schließt Verantwortung mit ein. Liebe und Verantwortungsbewußtsein würden eine der heutigen feministischen Frauenhaltung entgegengesetzte Position beinhalten: sich nicht mehr von Emotionen hinreißen zu lassen und Rechenschaft abzulegen über den negativen Einfluß, den Frauen auf Männer in den letzten Jahrzehnten ausgeübt haben. Den »Täter«- und nicht nur den »Opferstatus« zu sehen, das würde Frauen aus ihrer infantilen Position herausholen. Der »Durchsetzungskampf« gegenüber den Männern könnte hinüberwechseln in ein Eintreten für die eigene Sache, vorausgesetzt, es kann gereinigt werden von den Überresten einer mit Größenphantasien kompensierten Selbstwert- und Mutterproblematik aus der frühen Kindheit.

Es ist höchste Zeit, daß Frauen aus ihrem selbstverliebten Dornröschenschlaf erwachen. Bei aller Klugheit und Bildung ist die moderne Frau heute immer noch recht naiv, was das Seelenleben ihrer Mitmenschen, ihrer Männer und Kinder und sich selbst betrifft. Viele Frauen meinen, Emotionalität sei etwas Tolles, sind stolz darauf und glauben, sie könnten diese Eigenschaft mit emotionaler Reife gleichsetzen. Und wenn Frauen von sich behaupten, sie seien ja nur »defensiv« aggressiv, so kann man auch das heute nicht mehr ohne weiteres gelten lassen. Im Feminismus gibt es leider keinen Platz für eine beide Geschlechter umfassende Ethik. Eine solche zu entwickeln aber wäre Sache der Frauen.

Unsere Welt braucht die Frauen. Eigentlich sind Frauen die eigentlichen Lebensphilosophinnen. Frauen sind von Natur aus dazu aufgerufen, sich zu den Problemen des Lebens und der Gemeinschaft zu äußern und sie nicht nur den Männern anzuhängen. Daß sie diese Potenzen so wenig ausüben, das kann man heute wirklich nicht mehr nur mit der gängigen Unterdrückungsthese entschuldigen.

6. Die Achtung des Mannes durch die Frau: eine Voraussetzung für Kultur

Weibliche Vernunft wird hochgepriesen, ist aber in der Realität oft ein Fremdwort. Den Mann gefügig zu machen, das scheint heute das Ziel zu sein und meint, Macht auszuüben, den Mann beherrschen zu können – genau die Umkehr also von dem anzustreben, was Frauen den Männern seit langem aus einer »Opferposition« heraus vorwerfen. Frauen wollen bewußt vom »Opfer«- zum »Täter«status hinüberwechseln, auch wenn sie letzteren mehr oder weniger versteckt schon lange hatten.

In der Tat ist das ein narzißtischer (selbstbezogener) Durchsetzungskampf der Frau, auf dem Boden eigener weiblicher Selbstwertproblematik der frühen Kindheit gewachsen. Diese Problematik wird mit Größenphantasien kompensiert, was das Ego der Frau oft sehr aufgeblasen und nicht mehr natürlich erscheinen läßt. In diesem selbstverliebten »Dornröschenschlaf« vergißt die Frau ihre Umgebung, ihren Mann, ihre Kinder, das Gemeinwohl, die ältere und die jüngere Generation.

So erstaunt es auch nicht, daß die Achtung der Männer vor der Frau auf einen Nullpunkt gesunken ist. Viele Frauen wirken heute nicht mehr glaubwürdig. Ihre Ziele und Forderungen an den Mann widersprechen ihrem eigenen Verhalten. Wenn Frauen von sich behaupten, die zärtlicheren, sensibleren, wahrhaftigeren, ja besseren Menschen zu sein, müssen sie dies zunächst einmal unter Beweis stellen. Die jahrtausendealte »Aufopferung«, die ökonomische Abhängigkeit, und auch die Unterwerfung unter den Mann sind allesamt noch lange kein Beweis für die Existenz dieser selbstgepriesenen weiblichen Tugenden.

Wie häufig gehen Frauen heute in Richtung der Maximierung des Profits und tragen mit dazu bei, daß kolossale Ungerechtigkeiten auf dieser Welt weiterhin produziert werden. So sind auch sie an der Akkumulations- und Beschleunigungssucht unserer Welt beteiligt. Oder sie tun zumindest nichts dagegen und verlieren damit ihre Würde.

Bei aller Klugheit ist die Frau von heute immer noch naiv, was das Seelenleben ihrer Mitmenschen und sich selbst betrifft. Viele wissen nicht, daß Emotionalität nicht sehr viel mit Intelligenz zu tun hat, und meinen, wenn sie die Männer in ihrem Denken im Griff hätten, wäre das mit emotionaler Reife gleichzusetzen.

Der Radikalität in der Betrachtung des Mannes, die jedem sensitiven Menschen wehtun muß, muß endlich Einhalt geboten werden. Frauen bauen mit an der Überbetonung des männlichen Prinzips in unserer westlichen Gesellschaft, anstatt das weibliche Prinzip zu vertreten. Männer wollen sie zwar keine mehr, aber das männliche System wollen sie den Männern abluchsen.

Frauen leben heute in der Illusion, sie könnten ein Kind allein – ohne Vater – aufziehen. Oder sie lassen sich künstlich befruchten und tun nichts anderes, als dem Kind das väterliche und männliche Prinzip vorzuenthalten. Mitunter lassen sie sich gar nach dem Tod des Gatten noch befruchten – um ihn sozusagen »weiterleben« zu lassen –, sind aber im Grunde davon überzeugt, daß es den Mann gar nicht braucht. So handeln Frauen heute oft selbstgerecht und egoman. Daß ein Kind dringend beide Elternteile braucht, davon scheinen viele Frauen nichts mehr zu wissen.

Auch nach der Scheidung soll der Vater nur ein Besuchsrecht erhalten, das den Bedürfnissen der Frau – und nicht demjenigen des Vaters oder der Kinder – entgegenkommt. Am liebsten würden sie dieses Besuchsrecht ganz gestrichen wissen. Sie sprechen schlecht über den Vater und wundern sich, wenn ihr Sohn zu stottern beginnt. Da er sich als männliches Wesen mit der mütterlichen Entwertung des Männlichen identifiziert, kann dies nicht ohne Folgen auf seine Aggressionsentwicklung und seinen Selbstwert bleiben.

Die enormen Zahlungsforderungen von Frauen nach der Scheidung zeugen von einer weiblichen Gier, die ihresgleichen sucht, sowie von zahlreichen Widersprüchen, die Frauen aber nur ungern akzeptieren: Vor der Scheidung waren sie gegen die intensive Arbeit und das Geldverdienen ihres Gatten, nach der Scheidung sind sie plötzlich dafür. Das läßt vermuten, daß sie eben doch nur am lieben Geld, nicht aber am Wohlbefinden des Mannes und Vaters ihrer Kinder interessiert sind.

Der heutige Geschlechterkampf – der in der Geschichte unseres Abendlandes seinesgleichen sucht – endet, wenn er nicht aufgehalten wird, mit dem Tod beider Geschlechter. Denn die Frauen werden auch mit Hilfe tiefgekühlter männlicher Samenbanken nicht überleben können.

Auch über ihren Nachwuchs wollen Frauen allein entscheiden. Der Mann soll kein Wörtchen zu sagen haben. Werden Frauen schwanger, informieren sie den Vater oft erst nach der Abtreibung. Wenn der Vater des abgetriebenen Embryos nun nachträglich depressiv wird, weil man auch einen Teil von ihm abgetötet hat, und er die Frau gerne geheiratet hätte, hätte er das gewußt, kommt die Frau aus dem Staunen nicht mehr heraus. Jetzt aber ist es zu spät. Die Deprimiertheit ihres Freundes wird sie jedoch schnell mit anderen Dingen in Zusammenhang bringen. So ist sie wieder aus dem Schneider.

Von außen sieht es so aus, als würden die Männer die Welt beherrschen. In der Realität sind die wirklichen Drahtzieher im Hintergrund: die Frauen. Männer sind von Frauen enorm beeinflußbar, auch wenn sie es nicht zugeben dürfen. So führen sie oft nur das aus, was ihnen die Frauen suggerieren. Das geben mittlerweile genügend namhafte Männer zu. Würden Frauen die hochkarätigen, benzinverschlingenden und umweltverschmutzenden Autos nicht mehr nur bewundern, sondern die Männer konsequent auf die produzierten Schäden hinweisen, hätten wir vielleicht eine andere Autoindustrie. Statt dessen posieren Frauen im superengen Minikleid lasziv lächelnd weiterhin unbekümmert auf den Karossen ihrer Lieblinge. Und bekommen beim Anblick eines Porsche oder Cabriolet auch heute noch glänzende Augen.

Neu zu betrachten wäre auch das leidige Machtproblem der Frau – eine Macht, vor der sie sich ängstigt, die sie aber dennoch kraft ihrer Natur hat und die sie nicht mehr länger leugnen sollte. Dann könnte es vielleicht doch noch möglich werden, daß Männer nicht mehr als Projektionsfläche für Machtphantasien der Frauen herhalten müssen.

Wo liegen die Grenzen und Möglichkeiten der Weiblichkeit, und wie sehen weibliche Lebensentwürfe aus – andere als die von Männern –, die den Frauen in vielerlei Hinsicht gerechter werden als die jetzt vorhandenen, nach dem männlichen Prinzip vorliegenden Modelle?

Alle Ratgeber-Bücher für Frauen betreffend Selbstbehauptung, Ausstrahlung, Aggressionsentwicklung und Bekämpfung der sogenannten »inneren Patriarchen« nützen einen Habakuk, solange darin einseitig nur das männliche Verwirklichungsprinzip vertreten wird, solange Frauen nicht sehen, warum sie dem männlichen Prinzip nachrennen und das weibliche vernachlässigen. Zum Beispiel, um sich ihre oft verdrängte Ablehnung der Weiblichkeit gegenüber nicht bewußtzumachen. Schlußendlich könnte Frau endlich lernen, das weibliche Geschlecht als solches zu »lieben« bzw. zu achten (und nicht mehr unbewußt zu verachten). Das weibliche und das männliche Prinzip im Kosmos und in der Natur zu sehen, denen wir Respekt, Liebe und Dankbarkeit schulden, da wir beiden unser Leben verdanken.

Die Frau braucht eine Affirmation und Bejahung des eigenen Geschlechtes durch sich selbst, bevor sie den Mann als Mann verstehen, in seiner Andersartigkeit akzeptieren und lieben kann. Wenn Frau nicht zu den eigenen Mechanismen weiblicher Machttorpedierung stehen kann – in eigenen und in fremden weiblichen Gärten –, wird sie nicht zur Sache kommen. Wenn sie dies täte, würde sich das Verhältnis zwischen den Geschlechtern sehr verbessern. Das wiederum würde die Männer enorm entlasten, denn sie müßten nicht länger als Projektionsfläche für Probleme herhalten, die Frauen innerhalb der eigenen, aber auch zur älteren und jüngeren Frauengeneration so oft noch haben: als Voraussetzung für die Achtung des Mannes durch die Frau. Achtet die Frau sich selbst und entwertet sie sich nicht mehr unbewußt und schiebt diese Entwertung nicht mehr nur einseitig dem Mann zu, kann auch der Mann seine Achtung für die Frau wieder besser wahrnehmen und leben. Sind es doch die Mütter, die ihre Söhne so formen, daß sie das weibliche und das männliche Prinzip zu ehren und zu achten haben. Erst dann werden Kinder ein Gefühl für Recht und Unrecht bekommen, für humanitäre Werte und für die Sorge für unsere Weltgemeinschaft.

7. Mann und Frau: Kulturträger der Zukunft?

Zu einer hoch entwickelten Kultur – eine solche schreiben wir unserem Abendland in Anbetracht heutiger Umstände wohl eher zu Unrecht zu – zählt ein differenzierter, ganzheitlicher und humanitärer Umgang mit Körper, Seele und Geist – individuell und in der Gemeinschaft.

Wo Ganzheit sein sollte, gibt es jedoch heute überall nur Spaltungen: Man trennt, wo man kann. Auf der psychischen Ebene entsteht der Mechanismus der Spaltung in einer ganz frühen Entwicklung im Denken des Kindes: Alles ist entweder gut oder böse. Beides kann noch nicht zusammen gedacht werden, weil es sonst Ängste auslöst. Das Gute muß durch Abspaltung des Bösen geschützt werden. Eine differenzierte Wahrnehmung ist beim Kind erst dann möglich, wenn es die Ambivalenz zu ertragen lernt: wenn es eine Toleranz für das Böse im Guten und das Gute im Bösen entwickeln kann. Wenn es die Mutter nicht nur als verbietend, sondern gleichzeitig als lieb und gewährend erlebt.

Es scheint, als müsse die erwachsene Frau sich heute immer noch vor der Infiltration des Bösen in das Gute – und umgekehrt – schützen. Denn warum sonst landet alles Schlechte beim Mann, alles Gute bei der Frau? Gleichwohl Frau dann, unter dem Deckmantel der Gleichberechtigung, das Männliche anstrebt oder dem Mann das wegnehmen will, was sie bei ihm bekämpft.

Mit Spaltungen kommen wir nicht weiter. Denn Männer sind abhängig vom weiblichen Prinzip – und Frauen vom männlichen Prinzip. Ein ganzheitlicher Umgang des Menschen mit sich selbst und der Materie verlangt einen Abschied von den zahlreichen Spaltungsmechanismen, unter denen unsere Gesellschaft heute leidet. Psyche und Körper müssen in einem

Zusammenhang gesehen werden. Die Trennung von Körper und Psyche – die insbesondere von der Frauenseite eingefordert wurde mit dem Ziel der Gleichmachung von Mann und Frau – wird den Frauen in ihrer körperlichen, geistigen und seelischen Natur nicht gerecht. Frauen sind von Grund auf anders strukturiert als Männer. Aufgrund biologischer Unterschiede – zu denen nicht zuletzt auch die hormonellen gehören – haben Mann und Frau unterschiedliche Begabungen, Talente, Fähigkeiten, Stärken und Schwächen. Beide Geschlechter haben ihre Grenzen und Möglichkeiten. Nicht anzuerkennen, daß man gewisse Dinge nicht kann, weil man entweder Mann oder Frau ist, hieße auch, Geschlechtsunterschiede – eine zentrale psychische Entwicklungsaufgabe der Kindheit – zu leugnen: eine pathologische Lösung für die Unfähigkeit, Unterschiede zu tolerieren. Unterschiede nicht zur Kenntnis zu nehmen bedeutet das Verharren auf einem einfachen, undifferenzierten Niveau.

Männer müssen Frauen unterstützen, sowohl das weibliche wie das männliche Prinzip zu leben. Indem sie etwa ihr Töchterchen mit hinaus in die Welt nehmen und ihr zeigen, wie man männlich an eine Sache herangehen kann. Und Frauen müssen den Männern und vor allem ihren Kindern in frühen Jahren das weibliche Prinzip vorleben und spiegeln.

Männliches und weibliches Prinzip sollen gleichwertig nebeneinander stehen und einander befruchten. Wie aber sollen Männer für unsere Welt neue Ideen erzeugen – etwa dringend notwendige innovative Techniken zur Umweltverbesserung erfinden –, wenn Frauen sie dabei nicht unterstützen? Wenn weiterhin am Mann herumgemeckert wird, statt zu sehen, was das Männliche für eine lebbare Zukunft auf diesem Planeten noch alles leisten könnte.

Es geht zudem nicht an, den Frauen weiterhin »Erwünschtes« anzudenken. Die Frauen sind aufgerufen, sich neu zu definieren. Und sich eben nicht auf Kosten der Männer – als die besseren, besonneneren, gewaltloseren Wesen – hochzujubeln, um das private Ego aufzupolieren.

Wir stehen am Ende des Jahrhunderts immer noch unter dem Einfluß der 68er-»Revolution«. Die Infragestellung von Werten war notwendig. Diese Bewegung hat es aber bis heute nicht zustande gebracht, neue, brauchbare Werte zu schaffen. Sie hat abgerissen, ohne wieder aufzubauen. Die Folgen: Wir leben heute in gesellschaftlichen Formen eines extremen Individualismus. Unsere Kultur stagniert. Sie erzeugt nichts, weil Mann und Frau nicht zusammen, sondern gegeneinander arbeiten. Ein gemeinsamer Aufbau aber wäre dringend nötig.

Ein Beispiel: »Kinder oder keine, bestimmen wir alleine« – ein Frauenspruch aus den siebziger Jahren. Dieser weibliche Individualismus war nur der Anfang eines ganzen Rattenschwanzes solcher Egoforderungen, die den Mann zur Seite stellen. Die 68er-Bewegung – eingeflossen in unsere Lehrmittel, Rechtsgebung, Sozialstaat etc. – vermittelt kein Wurzelwissen. Diese Ideologie ist geprägt von einer Leugnung der Generationenunterschiede: ein unlineares und kein vertikales Denken. Es zählt nur, was jetzt ist. Unsere Väter und Mütter vergessen wir. Auch die nächsten Generationen sollen für sich selbst zusehen. Hauptsache, man lebt seine Lust und seinen Frust im Moment total aus.

Männer und Frauen sollen gleich sein, Polarität soll abgeschafft werden. Der Eros aber ist weg, und damit die Spannung zwischen den Geschlechtern. Notabene: Spaltung ist etwas anderes als Polarität. In der Spaltung ist der Eros verschwunden. Die Spaltung zerstört die Verbindung, den Energiefluß zwischen den beiden Polen, so daß keine Ganzheit mehr möglich ist.

In unserem Schulsystem können wir die Blüten dieser Entwicklung heute sehen: Jeder schaut nur noch für sich selbst. An den Universitäten legen die Studenten absichtlich ein Buch an einen anderen Ort, damit es der Nächste nicht findet und er dadurch einen Vorteil für die Prüfung hat. In unseren Primarschulen ist das weibliche Prinzip auch völlig abhanden gekommen: Es wird keine Geborgenheit vermittelt, sondern nur intellektuelles Wissen. Die Emotionalität ist abgespalten, auch in den Schulbüchern. In den Betrieben werden junge Leute nicht gefördert: Niemand will mehr die »Elternposition« übernehmen. Jeder soll sich selbst autorisieren, also nicht um Rat fragen, sondern sich selbst durchwursteln. Es sind keine Zeit und keine Geduld mehr für die Jungen vorhanden, die aber die Unterstützung der älteren Generation so dringend bräuchten. So sind keine Leitbilder mehr da, keine Orientierungsmöglichkeiten, keine Richtlinien – außer auf dem Internet.

Dann wundert man sich, wenn die Selbstmordrate von Jugendlichen diejenige des Todes durch Unfall übertrifft. Aber selbst das findet man nicht alarmierend. Schnell finden sich Pseudoantworten: die Arbeitslosigkeit, die Drogen, der schlechte Umgang etc. Jeder schaut nur für sich, und keiner über den eigenen Gartenzaun hinaus. Und alle beklagen sich über die düsteren Zukunftsaussichten und daß man eh nichts ändern kann.

Es wird oft vergessen, daß es die Einzelinitiativen sind, die uns vorwärts bringen: In einer kleinen Gemeinschaft von Männern und Frauen könnten erfolgreich Projekte lanciert werden. Wer sich verantwortlich fühlt – und das sollte jeder erwachsene Mensch –, kann sich nicht mehr drücken und den »Mächtigen« aus Politik, Wirtschaft oder »Staat« die Dinge völlig überlassen. Gefragt wäre von dieser Seite statt dessen eine kräftige Unterstützung von kleinen privaten Initiativen, die sich für das Gemeinwohl einsetzen.

Es hat sich erwiesen, daß es für die Realisierung wirklich guter Projekte beide braucht: Mann und Frau. Beide zusammen bringen Hervorragendes zustande: natürlich nur, wenn sie miteinander, und nicht wie jetzt noch, gegeneinander arbeiten. Eine Prise Erotik im Betriebsleben hat noch niemandem geschadet. Im Gegenteil: Es wird die Arbeitsatmosphäre beflügeln und den Erfolg ankurbeln. Wobei Erotik nicht zu verwechseln ist mit sexueller Belästigung von Frauen- oder von Männerseite.

Das Innovativ-Weibliche sollte in jedem Projekt mit einfließen, und das Bewegend-Männliche auch. Sonst werden Projekte nicht zufriedenstellend ausgeführt und verlieren an Kraft. Weil beide Geschlechter in ihren Fähigkeiten Vor- und Nachteile haben, ergänzen sie sich in Zusammenarbeit bestens. Der einzige »Nachteil« der Frau ist – sofern überhaupt ein Nachteil –, daß sie Zeit und auch ein Klima braucht, in der sie ihre Ideen gebären kann. So muß sie reifen lassen, was der Mann schnell anpackt. Sie kann nicht »auf Befehl« von außen in kurzer Zeit etwas »herausschießen« lassen. Das weibliche Prinzip braucht Raum und Zeit, um ein sogenanntes »Nest« aufzubauen, im realen wie im übertragenen, auch im geistigen Sinn.

Das männliche und das weibliche Prinzip zusammen lassen sich nur realisieren, indem beide Geschlechter wieder lernen, zu ihrer Geschlechtsrolle zu stehen. Was für die Frau nicht bedeuten muß, an den Herd zurückzukehren. Die althergebrachte Rollenfixierung hat man bekämpft – wohl zu Recht –, aber leider durch Rollenabschaffung überhaupt beseitigt.

Wo aber sind die Rollen von Mann und Frau, die sie nicht einseitig auf ein Geschlecht fixieren, sie aber dennoch auf ein einziges Geschlecht verweisen? Heute gibt es keine Orientierungslinien mehr für das Weibliche und das Männliche. Menschen tun aber gut daran, wieder eine differenziertere Betrachtungsweise vom Männlichen und Weiblichen anzustreben.

Ein Schlußlicht auf die Blüten unserer westlich-dekadenten Kultur möchte ich nicht vorenthalten. Eine der »innovativsten« Errungenschaften auf politischer Ebene, in der eher als rückständig angesehenen Schweiz: Alle männlichen Benennungen in der Stadtverwaltung sind gestrichen worden. Dies in einem Schweizer Kanton, der für die Niederlassung internationaler Firmen und einen der niedrigsten Steuerfüße bekannt ist. Hier gibt es also in der Stadtverwaltung seit November 1997 nur noch eine Geschlechtsform: die weibliche. Männliche Funktionstitel sind auf Antrag eines männlichen Mitgliedes der christlichen Partei allesamt abgeschafft worden. Aus dem Herrn Stadtpräsident ist nun ein »Herr Stadtpräsidentin« geworden, der Ratspräsident erscheint am Fernsehen als Ratspräsidentin, der männliche Stadtschreiber wird jetzt »Herr Stadtschreiberin« genannt. Denn so behaupten viele Feministinnen immer wieder: In der Sprache kommen die wahren Verhältnisse zum Ausdruck. Ein weibliches Wunder in der Männerwelt? Ein Sieg der Frauen? Oder eine pervertierte Form weiblicher Machtübernahme und in die Irre geführte männliche Identität? Viele offene Fragen. In jedem Fall ein untrügliches Zeichen für das Niveau der Verweiblichung des Mannes in unserer Gesellschaft. Dies läßt für die Zukunft nichts Gutes ahnen – es sei denn, es gelingt beiden Geschlechtern doch noch, erst zu sich selbst, um dann zueinander zu finden.

V.
Literaturverzeichnis

Beauvoir, Simone de: Das andere Geschlecht, Rowohlt TB, Reinbek bei Hamburg 1992 (1949)

Bion, Wilfred R.: Lernen durch Erfahrung, Suhrkamp, Frankfurt a. M. 1992 (1962)

Bischof, Norbert: Das Rätsel Oedipus, Piper, München 1985

Björquist, Kai/Niemelä, Pirkk (Hg): Of Mice and Women. Aspects of female Aggression, 1992 San Diego/Cal. – zit. bei Christa Rohde-Dachser/Karin Menge-Herrmann, in: Evas Biss: Hamburger Arbeitskreis für Psychoanalyse, Kore Verlag (Jahr und Ort nicht zu finden)

Bolte, Christian/Dimmler, Klaus: Schwarze Witwen und eiserne Jungfrauen. Geschichte der Mörderinnen, Reclam, Leipzig 1997

Canetti, Elias: Masse und Macht, Fischer, Frankfurt a. M. 1980 (1960)

Cilligan, Carol: Die andere Stimme, Piper, München 1988 (1982)

Erhardt, Ute/Johnen, Wilhelm: Strategien für Mütter mit Beruf, Gräfe und Unzen München 1994

Erikson, Erik H.: Jugend und Krise, Klett, Stuttgart 1970 (1968)

Freud, Sigmund: Gesammelte Werke, Imago Publishing, London 1940

Fromm, Erich: Gesamtausgabe. Psychoanalyse, Bd. 8, Deutsche Verlagsanstalt, Stuttgart 1981

Goch, Klaus: Franziska Nietzsche, in: Mütter berühmter Männer, Insel TB, Frankfurt a. M. 1994

Greenacre, Ph.: Special Problems of early Female Development, Psychoanal. Study of the Child V, 1950

Guggenbühl, Allan: Männer, Mythen, Mächte, Kreuz, Stuttgart 1994

Hauser, Walter: Im Zweifel gegen die Frau, Limmat, Zürich 1997

Heyne, Claudia: Täterinnen. Offene und versteckte Aggression von Frauen, Kreuz, Zürich 1993

Höhler Gertrud: Spielregeln für Sieger, Econ, Düsseldorf 1991

Horney, Karen: Die Psychologie der Frau, Fischer TB, Frankfurt a. M. 1994 (1967)

Lauster, Peter: Die sieben Irrtümer der Männer, Econ, Düsseldorf 1987

Lazarus, Arnold A.: Fallstricke der Liebe, Klett-Cotta, Stuttgart 1988 (1985)

Meulenbelt, Anja: Emanzipation und Seitensprung, Rowohlt, Reinbek bei Hamburg 1993

Moir, Anne/Jessel, David: Brainsex. Der wahre Unterschied zwischen Mann und Frau, Econ TB, Düsseldorf 1994

Olivier, Christiane: Jokastes Kinder. Die Psyche der Frau im Schatten der Mutter, Claassen, Düsseldorf 1987 (1980)

Oppenheimer, Agnes: Au-delà de la sexualité l'identité, unveröffentliches Manuskript, wahrscheinlich 1995

Petri, Horst: Guter Vater – Böser Vater, Scherz Verlag, Bern, München, Wien 1997

Reski, Petra: Eine Prinzessin zahlt nie selbst, Gustav Lübbe Verlag, Bergisch Gladbach 1995

Rubner, Jeanne: Was Frauen und Männer im Kopf haben, DTV, München 1996

Schubert, Helga: Judasfrauen, DTV, München 1992

Schulz, Berndt: Die Frauen sind an allem schuld. Eine Schmähschrift, Hamburg 1996

Stern, Daniel: Tagebuch eines Babys, Piper, München 1993 (1990)

Stern, Daniel: Interview im Tages-Anzeiger-Magazin, Zürich, 1996

Wilber, Ken: Eros, Kosmos, Logos. Eine Vision an der Schwelle zum nächsten Jahrhundert, Krüger, Frankfurt a. M. 1996 (1995)

Winnicott, Donald W.: Vom Spiel zur Kreativität, Klett-Cotta, Stuttgart 1979 (1971)

JOHN GRAY

16107

»Männer sind vom Mars. Frauen von der Venus.« – der erfahrene Paartherapeut liefert eine brillante Zustandsbeschreibung des Beziehungsdschungels und gesteht Männern und Frauen ihre Andersartigkeit zu. Anschauliche Fallbeispiele und erprobte Lösungsmodelle zeigen, wie sich aggressiver Geschlechterkampf zu einer kreativen Partnerschaft wandeln kann.

Der Kontakt zum anderen Geschlecht ist gespickt mit Mißverständnissen, Fehlwahrnehmungen und falschen Schlußfolgerungen. Was machen Männer und Frauen jeweils anders, und wie können sie aufeinander zugehen? Bestsellerautor John Gray ermutigt zu neuen Formen einer offenen und verständnisvollen Kommunikation, die die Verschiedenheiten der männlichen und weiblichen Perspektive berücksichtigen.

16134

Mosaik bei GOLDMANN

GOLDMANN

Von Liebeslust und Liebesleid

Goldmann • Der Taschenbuch-Verlag